RF

監修者——木村靖二／岸本美緒／小松久男／佐藤次高

［カバー表写真］
正装のド・ゴール（1959年1月）

［カバー裏写真］
ド・ゴールが戦いを呼びかけたポスター（1940年6月）

［扉写真］
新憲法案への支持を訴えるド・ゴール（1958年9月）

世界史リブレット人96

ド・ゴール
偉大さへの意志

Watanabe Kazuyuki
渡辺和行

目次

グラン・パレ横のド・ゴール像（ジャン・カルド作、二〇〇〇年）

戦争の三〇年から繁栄の三〇年へ

　シャルル・ド・ゴール（一八九〇～一九七〇）と聞いて、パリ北方ロワシーにある空港を思い起こす人も多いだろう。日本発の直行便がおり立つあの空港である。空港名になったシャルル・ド・ゴールとは、対独抵抗運動の英雄にして第五共和政フランスの初代大統領（在任一九五九～六九）であった。フランスは、著名な人物や事件を街路名やメトロの駅名にすることが多く、一九七四年に開港した空港にその四年前に死去したド・ゴールの名が冠せられた。

　二十世紀の政治家でド・ゴールほど、愛されると同時に憎まれた国家元首はいないだろう。敬愛されたのは、一九四〇年と五八年の二度、危機に陥ったフランスを救ったからである。彼は、四〇年にフランスの名誉を守り、五八年にフランスを内乱から救った。他方、アルジェリアの独立を認めたド・ゴールは、極右勢力に憎悪され、何度も暗殺されそうになった。六二年八月二十二日、パリ郊外プチ＝クラマールでド・ゴールを乗せた車に一八七発の銃弾があびせられた事件が有名である。その一発は、ド・ゴールの頭からわずか数センチのところをかすめたという。映画「ジャッカルの日」（フレッド・ジンネマン監督、一九七三年）は、ド・ゴール暗殺事件を題材にしたフォーサイスの小説が原作だ。

本書は、ド・ゴールをとおして彼が生きた時代の歴史を描くことを目的としている。ド・ゴールは、戦争の三〇年（一九一四〜四四年）と繁栄の三〇年（一九四四〜七三年）を生きた軍人にして政治家である。この時期のヨーロッパは激動の歴史を刻んでいる。第一次世界大戦、恐慌に苦しんだ三〇年代、ナチ占領下の四年間、戦後復興と植民地の独立、五八年のアルジェリア危機と第五共和政の誕生、高度経済成長と六八年の「五月革命」など、その時々の重要な事件にド・ゴールはかかわっている。

ド・ゴールが政治に求めたものは「フランスの偉大さ」の回復である。彼は、著書『剣の刃』（一九三二年）のなかで、指導者に「偉大な理想と一体化」し、偉大な目的を追求することを求めた。五三年十一月十二日にはこう語っている。私は失敗に慣れています。思えば、私の生涯はなんと多くの失敗で印づけられていることでしょう！　……それが単に私個人の失敗であったなら、たいしたことはなかったでしょうが、悲しいかな、それはフランスの失敗でした。……戦争中のもっとも辛い試練の日々に、しばし私はこう思ったものです。おそらく私の使命は、フランスの栄光の頂上をめざす最後の躍動《エラン》としてわが国の歴史に残ることだろう。おそらく私は、フランスの偉大さを記す書物の最終ページを書いているはずだ。

ド・ゴールの思想形成で見のがせないのは「フランスについてのある観念」である。『大戦回顧録』にこう記されている。「生涯を通じて私は、フランスについてある種の観念を胸のうちにつくりあげてきた」。フランスが「卓越した類例のない運命」をもち、「フランスが本当におのれ自身であるのは、それが第一級の地位を占めているときだけであり、遠大な企図のみが、その国民がおのれのうちに蔵している散乱の酵母の力に拮抗することができる。……わが国は、死にいたる危険を冒しても高きに目標をさだめ、毅然として立たねばならない。私の考えでは、フランスは偉大さなくしてはフランスたりえない」(村上光彦・山崎庸一郎訳)。ド・ゴールが軍をめざしたのも、ド・ゴールにとって世界でもっとも偉大なるものの一つが軍隊であったからだ。

このように、彼のフランスという観念には、高貴なるフランス、至上のフランス、欧州の調停者にして指導者のフランスという内容が含まれている。これらがフランスの使命だと意識される。しかも、「私はフランスであった」「私はフランスを代表して語った」(五四年四月七日)という発言にあるように、ド・ゴールは自分とフランスを同一視する。彼は「偉大さへの意志」が堅固なナショナリストであり、第一次世界大戦前に行動・愛国心・カトリックの再生を主張したアガトン▲の同時代人であった。

こうしたド・ゴールの思想は、ゴーリズム(ド・ゴール主義)としかいいようのないものである。政治学者のホフマン▲も「ゴーリズムとは姿勢であって教理ではない。……フランスへの奉仕とフランスの偉大さを除くと、ゴーリズムを定義するには内容ではなく、それをとりまく状況によってのみ定義できる」と述べている。ド・ゴールが直接国民に訴えて支持をえる政治スタイルを多用し

▼アガトン　アンリ・マシスとアルフレッド・ド・タルドのペンネームであり、アガトンは『今日の若人——行動崇拝、愛国心、カトリックの再生、政治的リアリズム』(一九一三年)によって青年保守派の代弁者となった。両名とシャルル・ペギーの活動とあわせて、この時期、ナショナリズムとカトリシズムの蘇生がみられた。

▼スタンレイ・ホフマン(一九二八〜二〇一五)　フランス人の支援によって、ナチ占領下のフランスから脱出できたユダヤ系のハーヴァード大学教授で、フランス政治の専門家。

一九一二年、アラス歩兵連隊のド・ゴール（中央奥）

▼フィリップ・ペタン（一八五六〜一九五一）　第一次世界大戦時のヴェルダンの英雄にして、ヴィシー政権の国家主席。戦犯として終身刑となる。ド・ゴールの庇護者であったが、第二次世界大戦では対立陣営に属した。

たように、ゴーリズムは民衆的性格、ポピュリズム的性格、ボナパルティズム的特徴をあわせもったことも指摘せねばならない。ド・ゴールの内部では、ボナパルティズムの三要素（権威・栄光・国民）はとけあっている。彼は、「権威は威信なくしては成り立たず、威信は人との距離なくしては成り立たない」（『剣の刃』）と述べていた。他者との距離こそある人には孤高と映り、またある人には尊大とも映ったのである。

　こうした思想をもつド・ゴールは、一八九〇年十一月二十二日、小貴族にして王党派の家庭に五人兄弟の第三子としてリールで生まれた。父親はイエズス会の中等学校《コレージュ》で文学や哲学を教えていた。ド・ゴールは政治的には保守的で宗教的には敬虔なカトリックの家で育ち、政教分離の戦いがくりひろげられている時代にイエズス会の学院で教育を受けた。一九〇九年、サン・シール陸軍士官学校に一一九位（二二一人中）の成績で入学した。新入生には一年間の軍隊修業が義務づけられており、同年十月にアラスの第三三歩兵連隊付兵卒となって清掃などに従事した。一二年にサン・シールを一三位（二一一人中）の成績で卒業し、アラス歩兵連隊に陸軍少尉としてもどる。連隊長は▲ペタン大佐であった。

①—軍人ド・ゴール

ド・ゴールと第一次世界大戦

第一次世界大戦は、一九一四年六月二十八日に起きたサライェヴォ事件▲が引き金となった。多民族国家オーストリアの内紛がドイツとロシアの対立へと拡大し、フランスは露仏協商にもとづいてドイツと干戈《かんか》をまじえるにいたる。八月一日にフランスで総動員令が発せられ、八月二十六日、ポワンカレ▲大統領のもとで挙国一致の神聖連合《ユニオン・サクレ》▲が誕生する。当時の人々は総力戦というまったく新しい経験に突入した。総力戦の影響は国民生活の諸側面にあらわれた。軍需生産をあげるために、勤務時間を延ばす目的でサマータイム制が導入され、労働力不足を補うために植民地から労働者が動員された。また、それまで男性の職場とされてきた職域への女性の進出がみられ、電車の運転士や砲弾づくりにも女性が登場した。

英・独・仏三国のなかでフランスのみが戦場となったことを銘記しよう。とくに死者の多さがきわだった。それは、史上はじめて大量殺戮兵器が使われた

▼サライェヴォ事件　オーストリア皇太子夫妻がセルビア民族主義者の学生によって暗殺された事件。

▼レイモン・ポワンカレ（一八六〇～一九三四）　ロレーヌ出身の保守派政治家で、一九二三年のルール出兵時と二八年のフラン切り下げ時の首相。

▼神聖連合　ポワンカレ大統領が教書のなかで使った言葉。対ドイツ戦を遂行するための臨戦挙国体制で、社会党や労働組合も協力した。

ヴェルダンのドゥオーモン納骨堂

納骨堂前の十字架

ことによる。塹壕戦が戦車・飛行機・毒ガスといった新しい武器の開発を促し、新兵器が死者を激増させた。フランスの死者一四〇万人は動員された兵士の六分の一にあたった。一九一六年のヴェルダンの戦い（要塞戦）は、仏独両軍あわせて四二万の死者と八〇万の負傷者を出すという大量殺戮の典型であった。

中尉に昇進していたド・ゴールは第三三歩兵連隊の一員として参戦し、戦闘中に三度負傷した。一度目は一九一四年八月十五日。ベルギーのディナンで右足を負傷した。この戦闘におけるド・ゴールの勇敢な戦いぶりが評価され、一五年二月に暫定大尉となる。彼は偵察将校として戦線に復帰したが、三月のマルヌで左手を負傷した。三度目は一六年三月のヴェルダン。白兵戦の先頭に立って戦ったが、左大腿を銃剣で刺され、終戦まで三二カ月の捕虜生活をよぎなくされた。捕虜になってすぐに脱走を計画したため、リトアニアのシュチン収容所に送られた。軍事政治情勢の分析に余念のない彼は、ロシア兵捕虜からも敬意を込めて「大将《コネタブル》」と呼ばれていた。

この間、ド・ゴールは六度脱走を試みた。初回は一九一六年八月、穴を掘っての脱走が発覚して監視の厳しいインゴルシュタット捕虜収容所（バイエルン）

に送られた。同年十月末の二度目の脱走はスリリングな企てであった。ド・ゴールは、母親から平服・羅針盤・ピクリン酸をかくしいれた小包を送ってもらうと同時にドイツ兵を買収して軍服を入手した。ピクリン酸を飲んで黄疸症状になった彼は、病院行きを許された。ドイツ兵に扮したフランス人大尉がド・ゴールに付きそうかたちで収容所をあとにし、病院の物置で仲間がかくしておいた平服に着がえ、見舞い客にまぎれて脱走に成功した。めざすは二〇〇キロさきのスイス領。しかし、三分の二を歩きとおした一週間後、普段は人通りも少ない村が、その日は祭りで往来には村人があふれ、髭もじゃの両人はあやしまれて逮捕されてしまった。ド・ゴールは、二つの濠と高さ六メートルの二つの城壁があるローゼンベルク収容所（バイエルン）へ移された。三度目の脱走は一七年十月。シーツ・カバー・タオルで三〇メートルの綱をつくり、歩哨の監視が甘くなった豪雨日に決行した。綱が短いという困難も生じたが一〇日後にとらえられた。四度目はその五日後。平服姿に付け髭と眼鏡で変装しドイツ人になりすましたド・ゴールは窓格子を破って逃走したが、列車に乗ったところで憲兵に捕捉されてしまった。ド・ゴールはふたたびインゴルシュタットに送られ、一二〇日の禁固を科された。五度目は一八年六月。ヴュルツブルク収容所に移送されたド・ゴールは、前回と同様の手口で脱走を試みたが一日で収容所にもどされた。最後は一八年七月。収容所から出た汚れものを運ぶ籠にしのび込んで脱走したが、三日後に捕まった。不屈の精神を示したド・ゴールは、「戦争への備えは指導者の準備にある」ことを大戦から学んだ。彼は、収容所生活をとおして歴史や哲学の本から人間に対する洞察を深めただけでなく、一九四〇年に上官であるにもかかわらずド・ゴールの指揮下にはいることを厭わなかったインドシナ総督カトルー▲将軍や、のちの赤軍の指揮官でスターリンに粛清されるトハチェフスキー▲元帥とも知己になっている。

戦間期（一九一九～三九年）のフランス

第一次世界大戦に勝利したフランスは、安全保障と経済再建という課題をかかえて「常態への復帰」をはたそうとした。二つの課題はドイツ問題へと収斂する。ドイツ問題とは、ドイツに対する安全の確保とドイツからの賠償金取立による経済再建のことである。

▼ジョルジュ・カトルー（一八七七～一九六九）　第二次世界大戦中、ド・ゴールと行動をともにした将軍で、戦後には駐ソ大使も務めた。

▼ミハイル・トハチェフスキー（一八九三～一九三七）　没落貴族の出身であるが赤軍の元帥となって戦功をあげるも、一九三七年の粛清裁判に巻き込まれ、「ドイツのスパイ」として処刑された。

一九一九年のパリ講和会議で、首相クレマンソー▲が国益追求に邁進した。彼は、ライン左岸地区の連合軍による永久占領や自治的緩衝国の樹立を提案するが、英・米両国に反対された。そこでフランスは、自国の安全保障を東欧に求めねばならなかった。二〇年九月にベルギーと軍事同盟を、二一年二月にはポーランドと同盟条約を締結した。これが東欧条約網の始まりである。それは二四年から二七年に小協商諸国▲との同盟網となって結実する。しかし、小協商諸国間の対抗心は同盟網を脆弱にしたうえに、フランス自身も戦前のように財政上の支援をこれらの国に与えられなかった。それに防御を基本とするフランス軍は同盟国が攻撃された時、ただちに救援に向かえなかった。

ドイツの賠償金不払いを指弾して、二三年一月にポワンカレ首相がルール工業地帯を占領した。この荒療治は国内外の批判にさらされた。そこでエリオ▲内閣は仏独協調を指針としてルールから撤兵し、ソ連との国交樹立に踏みきって緊張緩和に努める。二五年にブリアン▲が外務大臣となり、ロカルノ条約▲や不戦条約▲などの締結に尽力し、ブリアン外交と呼ばれる時代が築かれた。国際協調のムードをふき飛ばしたのが世界恐慌である。

▼ジョルジュ・クレマンソー（一八四一〜一九二九）　「虎」と渾名された急進党の政治家で、一九一七年に首相となってフランスを勝利に導いた。

▼小協商諸国　ハンガリーに対抗するために、一九二〇〜二一年にチェコスロヴァキア・ルーマニア・ユーゴスラヴィアの三国が相互に締結した同盟網を指す。

▼エドアール・エリオ（一八七二〜一九五七）　大統領以外の要職を長年務めた二十世紀前半を代表する急進党の政治家。

▼アリスティッド・ブリアン（一八六二〜一九三二）　首相や外相を歴任し、集団安全保障を軸とする平和外交を推進した政治家。

▼ロカルノ条約　スイスのロカルノで英・仏・独・伊など七カ国が一九二五年十月に調印した欧州安全保障条約で、国境の現状維持と不可侵などを定めた。

▼不戦条約　ブリアンとアメリカのケロッグ国務長官が提唱して、一

一九三〇年代のフランスは、恐慌・右翼リーグ▲の活動・ナチス政権の誕生などさまざまな不安をかかえていた。不安からの脱出口として、フランス国民が選択したのは人民戦線政府▲である。人民戦線の助産婦となったのは、フランス社会をおそった危機だ。第一の危機は経済恐慌である。経済危機は、租税収入の減少を惹起し財政危機をもたらす。財政赤字を解消するために、政府は増税と退役軍人の年金の減額や公務員給与の削減をおこなった。この政策が人々の不満をかきたてた。かくして議会制への不信が醸成され、政治危機を発酵させたのである。

政治危機は、三三年末のスタヴィスキー疑獄事件▲が引き金になって、翌年二月六日のコンコルド広場の騒擾事件で極点に達した。二月六日事件以降、左翼の結集が進み人民戦線が誕生する。三六年春の総選挙の結果、社会党のブルム▲が人民戦線内閣を率いた。首相は矢継ぎ早に法案を議会に提出し、「ブルムの実験」が始まる。有給休暇法、団体協約法、週四〇時間労働法、フランス銀行の機構改革、右翼リーグ四団体の解散など、七三日間に一三三もの法律が議会で成立したことは第三共和政下では前例のないことであった。しかし、ブルム

九二八年八月に結ばれた戦争放棄の条約。調印国は当初の一五カ国から六三カ国にふえた。

▼右翼リーグ　反議会主義的な極右集団で、王党派のアクシオン・フランセーズや退役兵士からなるクロワ・ド・フーがその代表。

▼人民戦線政府　「パンと平和と自由」を掲げた中産階級と労働者階級の同盟で、一九三五年のコミンテルン第七回大会の人民戦線方式が運動をあと押しした。

▼スタヴィスキー疑獄事件　希代の詐欺師スタヴィスキーによる現職大臣を巻き込んだ金融スキャンダルの結果、共和国の政治腐敗を糾弾する極右のデモが、一九三四年二月六日に暴徒化し、死者一七人、負傷者一三〇〇人を数える大暴動となった。

▼レオン・ブルム（一八七二〜一九五〇）　社会主義者のユダヤ人としてはじめて首相になって社会改革をおこなうが、経済政策がうまくいかず、三七年六月に辞任した。

内閣にとって七月十八日に突発したスペイン内戦▲が躓きの石となった。さらに九月二十六日、政府は公約に反する平価切り下げに追い込まれた。切り下げの効果もあまりなく、三七年六月、逼迫する財政に対処するためにブルムは議会に財政全権を要求したが、上院の反対にあって六月二十二日に退陣した。

一九三〇年代初めのフランス外交は、国際協調というブリアン外交を基調としていた。しかし、三三年十月にドイツが軍縮会議と国際連盟から脱退したことで、フランスも再軍備と同盟の強化という伝統的外交政策に回帰した。三四年二月に発足したドゥーメルグ▲内閣の外務大臣バルトゥー▲は、仏伊・仏ソ関係を重視して対ドイツ包囲同盟網の構築を考えたが、三四年十月に暗殺されてしまった。しかも三四年一月には、東欧同盟網の要であるポーランドがドイツと不可侵条約を締結し、東欧同盟国のフランス離れが起きていた。三六年三月、ドイツのラインラント進駐に対しても英・仏両国は実力行使にはでず、二〇年代のフランスが死守してきたライン川ぞいの非武装地帯はついえた。三六年十月にはベルギーが中立政策に復帰して同盟が解消され、フランスの安全保障に黄信号が点滅し始めた。ドイツは、三八年三月にオーストリアを併合し、九月

▼スペイン内戦　一九三六年七月、スペイン共和国に対して右翼勢力のフランコ将軍が蜂起して始まり、三九年三月にフランコが勝利して終わった内戦。独・伊両国がフランコを支援し、ソ連が共和国を支持し、イギリスとフランスが不干渉政策をとったことでも知られる。フランスではスペイン共和国への武器援助問題が争点となり、ブルム内閣の亀裂が深まった。

▼ガストン・ドゥーメルグ（一八六三～一九三七）　二月六日事件後の危機で首相として再登板した元大統領（在任一九二四～三一）。執行権を強化する憲法改正を提起したが反対にあって辞職。

▼ルイ・バルトゥー（一八六二～一九三四）　ナチに対抗するための「東欧ロカルノ」構想をねって外交活動を展開した保守派の政治家。

ド・ゴールとイヴォンヌの結婚式

にはズデーテン地方の割譲を承認させ、三九年三月にチェコスロヴァキアを占領した。九月一日にドイツ軍がポーランドに侵攻して第二次世界大戦が始まる。

戦間期のド・ゴール

一九一九年四月、ド・ゴール大尉は捕虜生活の鬱憤を晴らすかのように赤軍との戦いに志願してポーランドに赴いた。ド・ゴールは、ポーランドで「戦車は分散ではなくて集中して用いられねばならない」ことを学んだ。ポーランドからもどったド・ゴールは、二一年四月、北フランスのカレーにあったビスケット工場の経営者の娘イヴォンヌと結婚し、同年十月にサン・シール士官学校の軍事史担当の准教授に任命された。しかし彼は、職業軍人としての研鑽を積むために、二二年十一月に陸軍大学に入学する。二四年三月修了時のド・ゴールの成績は「良」で、「聡明、教養あるまじめな士官なり。才気と能力あり。素質十分。惜しむらくは、過度の自信、他人の意見に対する厳しさ、また、追放中の国王のごとき態度により、比類なき資性をそこなう」と評された。陸軍大学卒業後、こうした個性ゆえに上官との折合いも悪く、大尉から少佐への昇進に一二年もかかってしまう。ド・ゴールは、栄達よりも自己の理想を生きる人間であった。

とはいえ、ド・ゴールは公私にわたってペタンの庇護を受けた。長男フィリップの実質的な名づけ親▲がペタンだという伝説も、両者の良好な関係を推測させる。一九二五年十月にド・ゴールはペタン元帥付副官に任命され、ペタンの戦史執筆を補佐することになる。二七年四月にド・ゴールが陸軍大学の連続講演(三回)を担当しえたのも、ペタンのあと押しがあったからだ。さもなければ、「良」の成績のド・ゴールにはありえない処遇であった。二七〜三一年までド・ゴールはラインラントや中東のシリアに赴き、三一年十一月にペタンの推薦もあって国防最高会議《コンセイユ・シュペリユール・ド・ラ・デファンス・ナシオナル》の書記局に勤めた。向こう五年間、ド・ゴールは軍事と政治の理解を深めることになる。

ド・ゴール神話の一つとなったのが、一九三三年五月に『政治議会評論』に発表され、翌年五月に出版された『職業軍の建設を!』である。ド・ゴールは、このなかで六個師団の機甲部隊の編制を呼びかけていた。「侵略軍は、ライン、モーゼル、アルデンヌ地方の森に守られて進軍し、突破口をいたる所に見出し、

▼**名づけ親**　洗礼時に親につぐ子の責任者を定める慣習。離婚歴のあるペタンが名づけ親になることに教会が難色を示したので、祖父が名づけ親になったといわれている。フィリップはペタン自身の名でもあった。

攻撃の時間と場所を選ぶ有利な立場にある。防御軍が受身のままであれば、不意を突かれ行動を封じられ、背後から攻撃される。……逆に防御軍が機動的で積極的であれば、必要な場所へ駆けつけ不測の事態に備え、先手を取ることになる。それは、ドイツ人に対する唯一の実りある態度である。……したがって、機動的な作戦をとりさえすればフランスを守ることができる」。この主張に耳をかたむけたのは皮肉にもドイツ軍であった。

　じつは一九三二年後半、ド・ゴールはジョレス▲の軍事助言者であったマイエル▲と毎週意見交換し、機甲部隊による新戦略を構想していた。このように、ド・ゴールは機動による防御という考えを提示したが、マジノ線の堅持▲を指針とする軍首脳から批判された。軍首脳は「静止的で固定的な戦線」(要塞戦)という守勢戦略に凝りかたまっていた。ヴェルダンの戦いの記憶が、難攻不落の要塞信仰という防御中心の国防政策を決定づけ、兵員不足もあってフランスは三〇年代前半のマジノ線建造に突き進んだ。ところが、マジノ線は航空機やガスで攻撃されれば難攻不落ではなかったうえに、ベルギー国境で途切れていたので敵軍は迂回することができた。事実、四〇年五月の西部攻勢でドイツ軍が

▼ジャン・ジョレス(一八五九〜一九一四)　第一次世界大戦前夜に暗殺された社会党の指導者。職業軍ではなく、「新しい軍隊」という国民軍構想を一九一〇年に提示した。

▼エミール・マイエル(一八五一〜一九三八)　ド・ゴールの良き理解者で社会党系の元大佐。マイエル自身は航空機戦略を重視していた。

▼マジノ線の堅持　陸軍大臣アンドレ・マジノが主導して仏独国境ぞいに建造された要塞線。マジノ線による安全神話は、攻勢戦略や軍事技術の革新を妨げるマジノ線心理を生んだ。それは、陸軍大臣モーラン将軍が機甲部隊は「役に立たない」と下院で発言し、ペタンも「戦車や航空機は戦争の条件を変えず、フランスの安全保障の基本要素は要塞によって強化された途切れのない戦線である」と批判したところにもあらわれている。

通過したのはベルギー国境に近いアルデンヌの森であった。

　それゆえ、ド・ゴールの主張に軍首脳が耳をかたむけていれば四〇年の敗北はなかっただろうといわれた。しかし、平和主義が根強い時代に軍事力強化策は支持を集めづらかった。マイエルの友人ブルムは、ド・ゴールの職業軍はフランスのファシスト親衛隊になる恐れがあると考えていた。三六年十月にド・ゴールは、マイエルの仲介でブルムと会い、軍事改革の必要性を訴えたが徒労に終わった。政界でド・ゴールを支持したのはレノー▲ただ一人であり、三五年三月の下院で六機甲師団の編制を提案したが、陸軍最高会議《コンセイユ・シュペリュール・ド・ラ・ゲール》が二機甲師団の創設を決定したのは、ミュンヘン危機▲後の三八年十二月二日であった。ド・ゴールは最晩年にも「人民戦線は一九一八年のフランス軍をつくった」とその時代錯誤ぶりを指摘している。もっとも、ブルムは、四〇年九月の逮捕後、ド・ゴールに対する無理解を「私の落ち度」だと悔やむことになる。

　一九三七年十二月、大佐に昇進したド・ゴールとペタンの関係は、三八年九月にド・ゴールが出版した『フランスとその軍隊』をめぐって悪化する。ペタンの代作者として二八年に書きあげていた本を、ド・ゴールは自著としてペタ

▼ポール・レノー（一八七八～一九六六）　第三共和政の最後から二番目の首相で（在任一九四〇）、一九三七年にド・ゴールの考えを取り入れた『フランスの軍事問題』という本を著している。

▼ミュンヘン危機　ヒトラーがチェコスロヴァキアの領土割譲を要求して一触即発状態になったが、英・仏両国がドイツに屈したことで一九三八年九月三十日にミュンヘン協定が結ばれ、危機は終息した。

ンへの献辞を掲げて出版した。ペタンはこの「背信行為」に激怒し、これ以降両者の溝は深まる一方で、第二次世界大戦では対立陣営に属することになる。

開戦後もド・ゴールは、「ポーランドの教訓」として、航空機や戦車による攻勢戦略をレノーやブルムに訴え続け、四〇年一月に八〇人の政治家と軍人に「機械化兵力の出現」と題する覚書を送って機動戦を訴えていた。ドイツ軍侵入後の五月末、ド・ゴールは第四機甲師団を率いてピカルディで戦った。六月五日、レノー内閣の国防次官に就任した彼は、九日と十六日の二度、政府を北アフリカに移すさいの地中海を横断する輸送手段についてロンドンでチャーチル▲首相と話し合った。成果もなく帰国したド・ゴールを待っていたのは、レノーからペタンへの政権交替であった。ペタン休戦内閣の成立をみとどけたド・ゴールは、十七日早朝、「抵抗の炎《レジスタンス》」を燃やし続け、「フランスの名誉を守るために」ボルドーからロンドンへ飛び立った。一カ月後のロンドンで、母親がロンドンに向かう途上のブルターニュで死亡したという悲痛な知らせを受けとることになる。

▼ウィンストン・チャーチル（一八七四〜一九六五）　第二次世界大戦を勝利に導いたイギリスの首相（在任一九四〇〜四五、五一〜五五）で、大西洋憲章など戦後の国際秩序の枠組みづくりにも貢献した。

②—英雄ド・ゴール

ヴィシー体制の成立とド・ゴール

ドイツ軍の西部攻勢によって第三共和政は崩壊した。一九四〇年六月二十二日に休戦協定が結ばれ、フランスは占領地区・併合地区・自由地区に三分された。こうした混乱のなかで、フランス人は八十四歳のペタン元帥と休戦を受け入れた。七月十日、ペタンを国家主席とする政府がヴィシーに成立する。ペタン政府は、表面上は正統政府としてイギリス以外の国と外交関係を保ったが、実態は対独協力政権であった。三六年に下野した勢力が結集するヴィシー政府は、敗戦の責任を人民戦線に押しつけ、共和政を全否定する国民革命を掲げた。大統領職や議会が廃止され、権威主義体制が顔をあらわした。ナチ占領下の四年間は、ヴィシー政府の合法性が、「独立することをやめながら合法性を有するようなフランス政府はありえない」と主張するド・ゴールの正統性によって掘りくずされていく時期といえよう。

ド・ゴールの行動から自由フランスは生まれた。戦意をなくしたレノー内閣

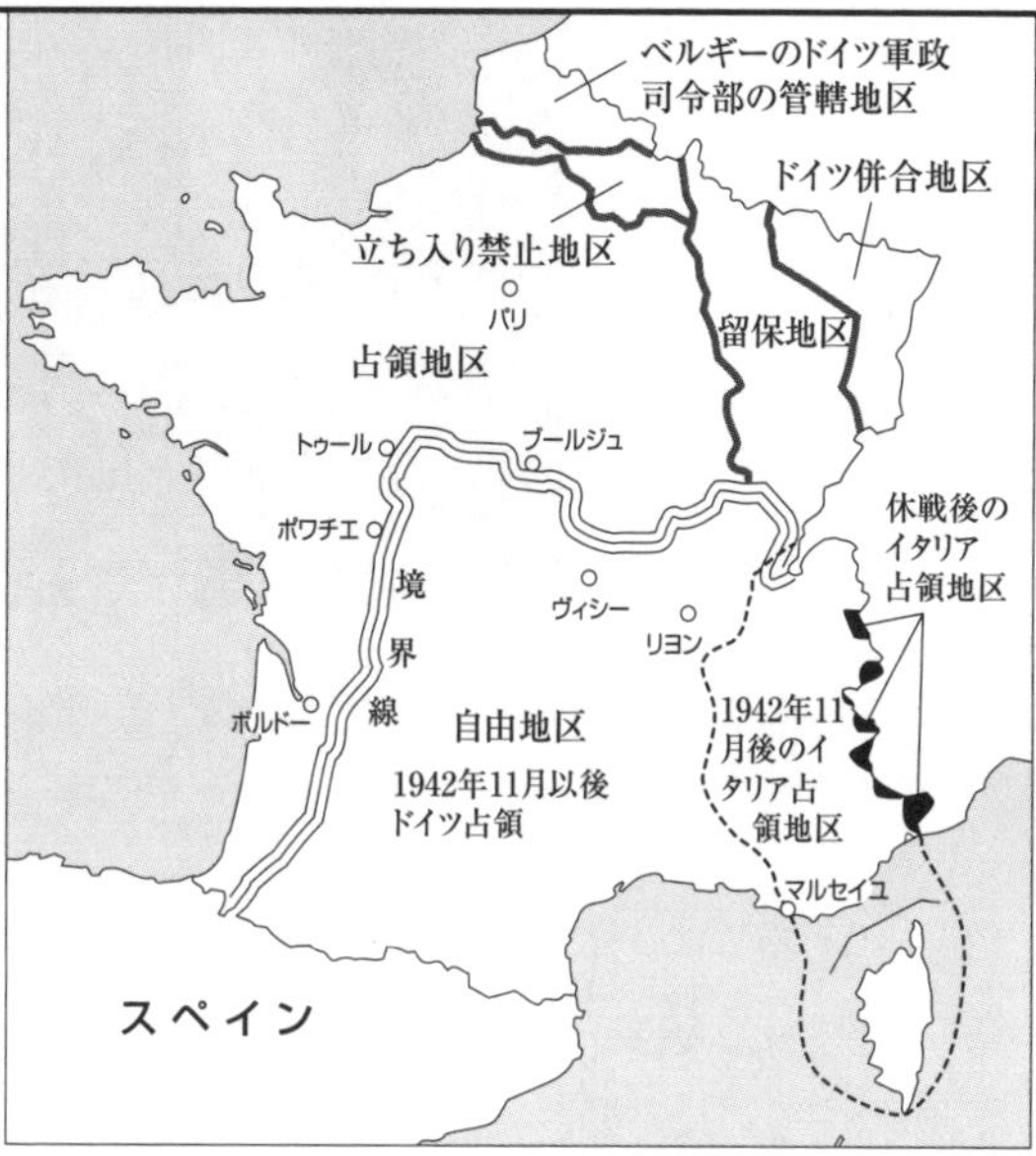

●―ドイツ占領時代のフランス（一九四〇〜四四年）

●―**コロンベー村のロレーヌ十字**　ロレーヌ公が一四七七年に軍旗に用いたシンボルで、ミュズリエ提督やダルジャンリュー提督が自由フランスの象徴としてド・ゴールに採用を進言した。ジャンヌ・ダルクやポワンカレ大統領の出身地を表象するロレーヌ十字は、フランス人に愛国心や対独抵抗を喚起させ、戦後はド・ゴール派のシンボルとなった。コロンベー村（五六頁参照）に巨大なロレーヌ十字が建てられたのは、一九七二年六月十八日。

BBCのマイクから抵抗を訴えるド・ゴール

の総辞職による国家の崩壊に直面したド・ゴールは、レノーから一〇万フランの資金をえてロンドンに向かった。彼は、植民地にフランス政府を移して正規軍による戦いを続ける考えであった。しかし、ロンドンにわたったド・ゴールはフランス大使館から宿舎の提供を拒まれた。休戦当時のド・ゴールは四十九歳、休戦直前に国防次官に就任したものの、軍関係者以外には知名度の低い将軍であった。ド・ゴールは孤立無援の戦いをしいられた。彼の戦いは、独自の兵力も組織も財源もないゼロからの出発であった。フランスの主権回復をめざしたド・ゴールの苦闘が始まる。それは六月十八日のBBC放送から始まった。

この日ド・ゴールは休戦派を非難し、「フランスの抵抗の炎」を消さないように呼びかけ、イギリスにいるかイギリスに向かっているフランス兵・軍需産業の技師・労働者に自分と連絡をとるように求めた。たしかに、この日の放送を聞いたフランス人は多くはなかった。実際には公表されなかったが、翌日もド・ゴールは「フランスの名において」訴えることになっていた。「フランス人にして、今なお武器を保持している者はすべて、抵抗を継続すべき絶対の義務をもつ。武器を投げ棄て、軍事拠点を明け渡し、あるいは、どんな小部分で

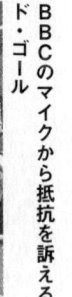

あれフランスの土地を敵の支配に委ねるのに同意することは、祖国に対する犯罪となるであろう」。このようにド・ゴールは、ペタンやウェーガン国防大臣というかつての上官への「反乱」を訴えた。ウェーガンはド・ゴールに帰国命令を発するが、彼は拒否する。このためド・ゴールは、八月三日、軍法会議によって国家反逆罪で死刑と財産没収と軍籍剥奪を宣告された。

ロンドンのフランス人

　兵力結集の試みが始まる。六月時点でのド・ゴールには、まだ一人でフランスを背負うという考えはなく、上官か政治家がレジスタンスの指導者になるならそれに服するつもりであった。しかし、植民地総督やウェーガン国防大臣へのド・ゴールの呼びかけも徒労に終わり、六月末の時点で降服を拒否するフランス軍将校はド・ゴール一人であった。ド・ゴール支持を表明した将校にインドシナ総督のカトルーとフランス領ソマリランド司令官ルジャンティヨムがいたが、彼らはヴィシー政府によって更迭されてしまった。有力な政治家や北アフリカなどの重要な植民地総督は、ド・ゴールのもとに馳せ参じなかった。

▼**マキシム・ウェーガン**（一八六七〜一九六五）　陸軍総司令官で、ヴィシー政権の国防大臣。戦後、休戦とヴィシー派の象徴的人物として訴追されたが、一九四八年に不起訴となり、ペタン元帥擁護顕彰協会の会長を務めた。

▼**ポール・ルジャンティヨム**（一八八四〜一九七五）　一九四〇年十月に自由フランスに合流した軍人で、フランス国民解放委員会の防衛委員を務め、戦後に中道左派政党の国会議員となる。

また、イギリスで自由フランス軍を編制する試みも進捗しない。イギリス外務省や陸軍省は、供与する武器がないことやスパイの潜入を恐れたりして気乗り薄であった。監獄のような収容施設の待遇やメルセルケビール事件▲などもあって、帰国を望むフランス人も多かった。この頃のイギリスには五万人以上のフランス軍将兵がいたが、七月末に自由フランス軍▲に結集したのは約三〇〇〇人にすぎない。六月二十八日にド・ゴールは、イギリス政府から「自由フランス国民の首長」としてのお墨付きをもらっていたが、自由フランスはイギリス政府の庇護下にある「ロンドンのフランス人」でしかなかった。それでも、八月七日にはド・ゴールとチャーチルの間で協定がかわされ、イギリス領内の自由フランス軍の編制や装備の補充、志願兵の給与や年金といった勤務条件などに関して一致をみた。かくして二カ月後には、自由フランス軍は三万五〇〇〇の兵力と二〇隻の軍艦、約一〇〇〇人の航空兵という数字をド・ゴールがあげるまでになった。ド・ゴールは、七月下旬に自由フランスの目的をフランスの領土解放・フランス植民地の防衛・国民の自由回復と明確にしている。

▼メルセルケビール事件　一九四〇年七月三日、アルジェリアのメルセルケビールに停泊中のフランス艦隊がドイツ軍に接収されることを恐れたイギリス軍によって攻撃され、一三八〇人の死者を出した事件。この結果、ペタン政府はイギリスと国交を断絶した。

▼自由フランス軍　七月八日時点の陸兵一九九四人、七月十五日時点の海兵八八二人という数字がある。

自由フランスの領土・組織・財源

　自由フランスの最初の領土はアフリカでえられた。一九四〇年八月にド・ゴールは、チャド・赤道アフリカ・カメルーンを支配下におさめることに成功する。しかし、ヴィシー側についたセネガルの首都ダカールでド・ゴールはつまずいた。ド・ゴールはイギリスと共同でダカール攻略の作戦を立て、九月二十三日に自ら指揮を執ったが、湾にはあいにく霧がたれ込め、ヴィシー軍の反撃を受けてダカール攻略は失敗した。英・米両国からド・ゴールへの風あたりが強まる。ド・ゴール陣営についていたガボンは八月末に脱落したが、十一月に征服される。こうしてアフリカの領土に、自由フランスの旗、ロレーヌ十字の三色旗が翻った。

　組織化の動きはブラザヴィル声明として打ち出された。一九四〇年十月二十七日のことだ。そのなかでド・ゴールは二つのことを確認した。共和国の権力を簒奪したヴィシー政府の正統性の否定と、植民地防衛評議会の創設である。ここに国家の胚子がつくられた。この評議会はド・ゴールのほか八人のメンバーから成り立った。カトルー将軍、ミュズリエ▲提督、ルクレール▲大佐、ラルミ

▼**エミール・ミュズリエ**（一八八二〜一九六五）　ド・ゴールの六月十八日の呼びかけにこたえた最初の海軍軍人で、自由フランス海軍の創設者。方針をめぐるド・ゴールとの対立から、一九四二年五月に自由フランスから離れた。

▼**フィリップ・ルクレール**（一九〇二〜四七）　一九四〇年七月にド・ゴールのもとに馳せ参じた軍人で、パリ解放一番乗りをとげた。その後、極東総司令官として対日降服文書に署名し、ヴェトナムや北アフリカで任務につくも、飛行機事故で死亡。

▲ナ大佐たちである。こうして自由フランスはしだいに国家機構を整備していく。四一年九月二十四日には「フランス国民委員会」が組織され、政府の権限と機構をもった。この国民委員会は、二日後、ソ連によってただちに承認された。イギリスとアメリカの承認の遅れと対照的な動きであった。フランスとソ連が相互に利用しあってイギリスとアメリカに対抗するという関係は以後も続く。

植民地防衛評議会が発足して自由フランスとイギリスの間で経済協定が結ばれ、為替レートやイギリスと自由フランス支配地域との貿易などの取り決めがなされた。自由フランス中央銀行が設立され、軍人や官吏の給与支払いや税金・借款・寄付金などのはらい込みを受ける資格をえた。かくして、独自の兵力と領土と組織と財源をもった自由フランスは、一九四二年春に「戦うフランス」に呼称を変える。領域と国民と中央政府という主権の三要素を獲得した自由フランスにとって、次はフランス本土に主権を打ち立てる仕事が待っていた。

自由フランスには、階級・思想信条・動機の点で多様な人々が集まった。左翼より右翼の闘士や植民地居留フランス人が多数を占めた。初期には反議会主義や反ユダヤ主義を奉じる者もいた。伝統的名士は少なく、著名なフランス人

一九四〇年十月、カメルーンに到着したド・ゴール

▼エドガー・ド・ラルミナ（一八九五〜一九六二）　自由フランスのアフリカ総督で、一九四四年八月にプロヴァンスに上陸してフランス解放の戦いに従事し、戦後の五五年には植民地軍総監に、六二年にはアルジェの反乱将軍を裁く軍法会議の裁判長に任命された。

は長いことド・ゴールと連携しなかった。このような雑多な集団を統合したのが、ド・ゴールという強烈な個性である。ド・ゴールは強固な愛国心の点で凡百の軍人を凌駕していた。彼は「フランスの独立と偉大さの回復」に執念を燃やし、この「聖なる義務」のために邁進した。マルロー▲が記すように、ド・ゴールはまさに「フランスと契約した男」であり、「フランスに憑かれた男」であった。それは、一九三二年にド・ゴールが述べた予言の自己成就でもあった。「時には、軍事と政治が一体となることもある。この場合、国民は政治と軍事の指導を一人物の意志と運にまかせる」。こうして、軍人ド・ゴールから政治家ド・ゴールへの転生が成しとげられる。彼は、クラウゼヴィッツ▲の「戦争は異なった方法による政治の継続である」を指針とし、軍事に対する政治の優位を確信していた。

連合国との軋轢

自由フランスと連合国との関係は順風満帆ではなかった。ド・ゴールは、イギリスとアメリカの為政者から野心家とかファシストとすら思われていた。チ

▼アンドレ・マルロー（一九〇一〜七六） 一九三〇年代には反ファシズムの行動的な作家で、スペイン内戦にも共和国側で参戦したが、戦後はド・ゴール派となり、一九五九〜六九年にド・ゴール政権下で文化大臣を務める。

▼カール・フォン・クラウゼヴィッツ（一七八〇〜一八三一） プロイセンの軍人にして戦略家。著書『戦争論』で有名。

ャーチルも、ド・ゴールの傲慢な態度や「誇りと権威と野心」などに幾度も反感をもったと記している。ド・ゴールの君主のような口吻は終生変わることはなく、国内レジスタンスの一部からも権威主義者や王党派▲とみられていた。ド・ゴールは、「主権国家フランス」の代表として遇せられることを要求するが、英・米両国からつねに過小評価され、アメリカは合法的なペタン政府と外交関係を保ち続けていた。アメリカ大使リーヒ▲提督は親ヴィシー派であり、しかもローズヴェルト▲大統領の信頼をえていた。ソ連もド・ゴールを利用しはするが、イギリスとアメリカをさしおいてまで厚遇することはない。アメリカに物資をあおがざるをえないチャーチルも、ローズヴェルトの機嫌をそこねることはしなかった。ド・ゴールは『大戦回顧録』のなかで、英仏関係のうえに「組織的な緊張」や「暗雲」があったことを何度も指摘している。

　英・米両国とフランスとのぎくしゃくした関係は終戦まで続く。一例をあげよう。ローズヴェルトが、ヤルタ会談からの帰途、フランス領のアルジェでド・ゴールとの会見を申し入れたことがあったが、ド・ゴールは「外国の国家元首によってわが国の領土内の一地点に呼びつけられることをどうして受諾で

▼王党派　ド・ゴールは、若い頃に王党派組織とかかわりがあった。右翼政治家のアンリ・ド・ケリリスは、一九四五年になっても『独裁者ド・ゴール』という本をカナダで出版している。

▼ウィリアム・リーヒ（一八七五〜一九五九）　一九四〇年に駐仏大使となったアメリカ海軍提督で、四二年七月からは大統領付参謀長となり、ローズヴェルト大統領の軍事顧問となった。

▼フランクリン・ローズヴェルト（一八八二〜一九四五）　アメリカの第三二代大統領（在任一九三三〜四五）で、恐慌対策としてニューディール政策を実施し、また、日本の真珠湾攻撃以後、大戦に加わって連合国の中軸となる。

きよう」と拒絶した。このエピソードにもド・ゴールの本領が発揮されている。また、みおとりする自由フランス軍は連合軍の重要な作戦への参加を拒まれ、ド・ゴールは植民地がある北アフリカ上陸作戦でも蚊帳の外におかれた。このような状態はその後も続き、カイロ、テヘラン、ヤルタなどの一連の連合国首脳会談にもまねかれなかった。しかし、ド・ゴールはくじけることなく「敵に対抗しつつ、連合国の意向に反しようとも、恐ろしい分裂をものともせずに、引き裂かれたフランスの統一を、私を中心として成しとげねばならない」という決意をかためる。

北アフリカ上陸

一九四二年十一月八日、連合軍が北アフリカに上陸した。アメリカはペタンに失望しつつあったがド・ゴールにも反感をいだいており、上陸後をにらんで「第三の男」を探し求めた。それは、北アフリカ上陸作戦を成功に導く人物でなければならない。白羽の矢が立ったのがまずダルラン、ついで八カ月前に捕虜収容所から脱走してきたジロー将軍であった。

▼フランソワ・ダルラン（一八八一〜一九四二）　海軍提督で、一九四一年二月から四二年四月まで、ヴィシー政府の首相となってドイツとの軍事協力を推し進めた。

▼アンリ・ジロー（一八七九〜一九四九）　ド・ゴール（二つ星）より格上の将軍（五つ星）で、一九四〇年五月に捕虜になったが、四二年四月十七日、脱走に成功した。

たまたま、アルジェで病床にあった子息の見舞いにきていたダルランは、自己の権威が以後も認められることの保証と引き換えに連合国との停戦に合意し、「ペタン元帥の名において」北アフリカの権力を掌握した。アメリカは軍事的考慮から「一時的便法」としてダルランをかつぎ出したが、ダルランは自由フランスには認めがたい対独協力者であった。十一月十六日にロンドンのフランス国民委員会は、「北アフリカにおいてヴィシー代表との間で現在進行中の交渉にはなんら関与せず、これについていかなる責任も負わない」と不快感をかくさなかった。この声明に呼応してフランス国内レジスタンス組織が、英・米政府にメッセージを発した。それはダルランを「軍事的・政治的裏切りの責任者」と弾劾し、逆にド・ゴールを「レジスタンスの異論の余地なき指導者であり、これまでにもまして背後に国全体を結集せしめている」と称え、北アフリカの運命をド・ゴール将軍に委ねることを要求した。

ド・ゴール、ジロー、ダルランとアメリカ軍との関係が膠着状態に陥る。その時、王党派青年によるダルラン暗殺事件が突発した(一九四二年十二月二十四日)。そこでヴィシー政府の海外総督からなる海外領土評議会は、ジローをダ

カサブランカ会談　左からジロー、ローズヴェルト、ド・ゴール、チャーチル。

ルランの後継者に任命した。しかし、ジローがアメリカ軍の後ろ盾でヴィシーの高官から権限を受け継いだことは、自由フランスに不満を残した。しかもジローは、脱走後ヴィシーに赴き一度はペタンに忠誠を誓った将軍である。臨時政府の樹立を考えるド・ゴールと、連合国に協力的な地方政権で満足するジローとの調整が必要となる。四三年一月二十三日、英・米首脳はド・ゴールとジローの会見をカサブランカで開かせた。鉄条網のなかでアメリカ兵に監視されての会見は、ド・ゴールに屈辱感を残す。ジローは、政治に関与することやヴィシー政府を断罪することを拒否しただけでなく、「戦うフランス」を自己の支配下におこうとした。フランスの主権を非妥協的に守るド・ゴールと、英・米両国に従属して指導力を発揮しないジローとの差が明白になった。アルジェの官公署にはあい変わらずペタンの肖像画がかざられていた。ジローはヴィシーの法律をそのまま存続させ、強制収容所にいる政治犯を釈放しもしなかった。アルジェでもジローに対する失望が広がり、ジロー軍のなかから自由フランス軍に加わる者が続出する。ジローを支持するアメリカすら、ジロー自身の民主化の必要性を認めざるをえなかった。ド・ゴールも、ジローは部隊に対してある程度の権威を有する以外、真の権威をもっていないことを確信する。とりわけ、国内レジスタンスに対してジローは無力であった。

全国抵抗評議会（CNR）

一九四一年十月にド・ゴールは、ムーラン▲からレジスタンスの動向と役割について報告を受けている。ド・ゴールは、自由フランスの運動とフランス国内でバラバラに展開されていたレジスタンスとを結合しようとした。ド・ゴールは、「レジスタンスは私の指揮下の《自由フランス軍》に統合されなければならない」と語る。それは、国民解放委員会がフランスを代表することを連合国に認めさせるためにも必要であった。フランス国内の分散した戦いを一つにまとめて全国抵抗評議会（CNR）を創設したのがムーランである。国内レジスタンスの統一は以下のプロセスをへて達成された。

一九四二年八月、自由フランスのなかに中央情報行動局（BCRA）が設けられた。パッシー▲大佐を指導者とするBCRAは、情報の収集や国内レジスタンスに必要な物資・武器・資金を供給する任にあたると同時に、多様な抵抗組織

▼ジャン・ムーラン（一八九九〜一九四三）　休戦時はウール県知事。レジスタンスの英雄で一九四三年六月にゲシュタポによって拷問死。六四年十二月にパンテオンに移葬。

▼パッシー（本名アンドレ・ドワヴラン、一九一一〜九八）　工兵士官にしてサン・シールの要塞学教授で、一九四〇年七月一日にド・ゴールと対面してBCRAの指導者となる。反ド・ゴール派からは「自由フランスのヒムラー」と中傷されたが、フランス北部のレジスタンス組織の統一に尽力した。

の統一の仕事も受けもった。北部占領地域で五大レジスタンス組織の統合をはかったのは、レミやブロソレット、それにパッシーである。南部自由地区の抵抗組織の統一はムーランに託された。彼は、ド・ゴール将軍の代理、国民委員会の代表として、四二年一月にイギリスから落下傘降下して活動を始める。最重要任務は、南部地域の運動の統一から南北の運動の統一へと駒を進め、CNRを創設することであった。四三年一月、彼は苦労のすえに南部三大組織を統一レジスタンス運動にまとめあげた。そして、四三年五月二十七日にパリで開かれた会議からCNRが誕生した。会議には、南部三団体と北部の五組織、六政党、二労組の代表一七人が集まった。

CNRは、「ド・ゴール将軍を首班とする臨時政府」をすみやかに樹立し、「ジロー将軍は軍司令官たるべき」であり、ド・ゴール将軍が「フランス抵抗運動唯一の指導者として留まる」ことを確認した。ムーランはCNR内に「総合研究委員会」を設けた。その任務は戦後行政や戦後経済政策その他の問題の検討にあった。この委員会には五人からなる常任事務局がおかれ、ここがロンドンとの交渉にあたった。常任事務局では共産党が優位を占めた。さらにムー

▼五大レジスタンス組織　民軍組織、北部解放、レジスタンスの人々、解放運動の人々、国民戦線。

▼レミ(本名ジルベール・ルノー、一九〇四～八四)　占領地区フランスで、ノートルダム信心会の指導者として諜報活動に従事し、レジスタンス組織網の構築に努めたが、戦後にはペタン元帥擁護顕彰協会の一員となる。

▼ピエール・ブロソレット(一九〇三～四四)　社会党員でパッシーやレミとも協力しつつ、占領地区の政党・労組・宗派組織のレジスタンス網の構築にたずさわったが、一九四四年二月に逮捕され、拷問のなかで三月に自死を選んだ。

▼南部三大組織　コンバ、南部解放、フラン＝ティルール。

▼六政党　共産党、社会党、急進党、人民民主党、民主同盟、共和連盟の六つ。

▼二労組　労働総同盟とキリスト教労働者同盟。

ランCNR議長の逮捕後、「ド・ゴールの代理」とCNR議長とは兼任しえないという決定がなされ、CNRはド・ゴールの後見からの自立をめざした。共産党のCNRへの影響が強まり、ド・ゴールとCNRとの不和がめばえる。共産党はこれ以後、国民戦線の活性化を主要任務とし、四四年にはレジスタンスの一大組織となり、県解放委員会や地方解放委員会などに浸透していく。これは、上からの国づくりをめざすド・ゴールと下からの国家形成をめざす共産党との対立をもたらすだろう。

　CNRは、一九四四年三月十五日に第二回全体会議を開いて綱領を採択する。CNR綱領は二部からなり、第一部がフランス解放に向けた当面の行動計画、第二部が解放後の社会改革の提言▲であった。

フランス国民解放委員会

　フランス解放の戦いは二つの戦いであった。一つは、フランスの国土からドイツ軍を駆逐しドイツを敗北に追い込むという軍事的戦いであり、もう一つは、フランス政府の樹立という政治的戦いであった。中央政府を樹立する戦いは、

▼社会改革の提言　おもな項目は、臨時政府の樹立、対独協力者の粛清、裏切り者や闇商人の財産没収、人権の尊重、炭鉱・電力・保険会社・大銀行の国有化とトラストの廃止、労働者の経営参加、経済プランの策定、賃金の改善と通貨安定、組合活動の自由回復、戦災者への損害賠償とファシストによる犠牲者への手当と年金など。

▼マルセル・ペイルートン(一八八七～一九八三)　ユダヤ人身分法が制定された時の内務大臣であり、一九四二年末にダルラン提督のもとに結集して北アフリカ高等弁務官となり、四三年一月にジロー将軍によってアルジェリア総督に任命された。

▼ジャン・モネ(一八八八～一九七九)　EUの父として著名であるが、戦中には、まず武器購入英仏調整委員長として一九四〇年六月に仏英合邦を企図し、四二年にはジロー派としてド・ゴールとジローを和解させるために尽力した。英米協調派でド・ゴールとはそりが合わなかった。

国内的にはド・ゴール派と共産党との覇権争いであり、国際的には自由フランスと連合国との争いであった。戦争の後半にはこの二つの戦いが同時進行する。

霧のロンドンで蒔かれた国家の種子は、北アフリカの陽光のもとで大きく成長した。一九四三年五月三十一日、ド・ゴールはアルジェでジローと会談した。ド・ゴールは、軍の指揮権を政府に従属させることとヴィシー派の総督たちの罷免を要求したが、ジローに拒まれた。しかし、ジローに任命されたアルジェリア総督ペイルートン▲がド・ゴールに辞表を提出したことは、権威の所在を物語っていた。ド・ゴールの意を受けたカトルー将軍のねばり強い交渉と、ジローへのモネ▲の働きかけが功を奏して、六月三日に「フランス国民解放委員会」が組織される。ここにロンドンの国民委員会とアルジェの民・軍総司令部との組織的統合がなされた。ド・ゴールとジローという二人の議長のもとに、カトルー将軍、ジョルジュ将軍▲、外交官のマシリ▲、モネ、社会党のフィリップ▲がこの七人委員会のメンバーであった。ド・ゴールは議長が二人という変則的事態をよぎなくされたが、七人委員会の過半数はド・ゴール派であった。

解放委員会は以下の声明を発表する。「(この委員会は)フランスの中央政府で

▼アルフォンス・ジョルジュ(一八七五〜一九五一)　ガムラン総司令官の副官として一九四〇年の敗戦を象徴する軍人であるうえに、ジロー派であったこともあり、四三年十一月、ド・ゴールによってフランス国民解放委員会から排除された。

▼ルネ・マシリ(一八八八〜一九八八)　外交官で一九四二年夏にド・ゴールによって外交をまかせられ、臨時政府の外相として連合国から国家の承認をえるために奮闘した。戦後は駐英大使や外務省の事務総長を務めた。

▼アンドレ・フィリップ(一九〇二〜七〇)　一九四〇年七月にペタンへの授権に反対した社会党議員の一人で、初期からの抵抗派。臨時政府内では統治機構の問題を担当し、戦後に経済大臣を務める。

ある。したがって、本委員会は……フランスの戦争遂行努力を指導し、……世界中のフランスの権益の管理と防衛にあたる。今日まで、フランス国民委員会ないしは民・軍総司令部に帰属していた領土および陸・海・空軍部隊に対する権威を引き受ける。……本委員会は領土の全面的解放後、ただちに共和国の法律に準じて組織される臨時政府にその権限をわたすものとする。……本委員会は、この国に押しつけられた個人権力と専断的な体制を完全に破壊しつつ、フランスのすべての自由と共和国の法律と共和政体とを再建せんことを厳粛に誓約する。」

英・米・ソ連が解放委員会を承認したのは四三年八月二十六日である。また、解放委員会の結成がド・ゴールの立場に与えた影響も見のがすわけにはいかない。ド・ゴールが伝統的エリートを擁するジロー派を糾合するにつれて、自由フランスもその影響をこうむった。ド・ゴールの口から、もはや「革命」という言葉は聞かれない。彼は、以前にはラジオやロンドンでの演説(四一年十一月十五日、四二年四月一日)などで、レトリックとはいえこの戦争を「革命」と位置づけていたが、四三年半ばから「革命」より「再生」が多用され、ド・ゴールの主張が穏健になった。

コルシカ解放から共和国臨時政府へ

アルジェで一九四三年七月十四日の祭典が三年ぶりに祝われた。「三年にわたるいい知れぬ試練ののちにフランス国民がふたたびあらわれた」という言葉で、ド・ゴールは祝辞を始めた。その十日後に枢軸の一角がくずれる。ムッソリーニ▲が失脚した。イタリアが占領するコルシカ解放への期待が高まる。九月八日、イタリアの降服を奇貨としてジロー将軍から武器援助をえた共産党系の国民戦線が蜂起する。その夜、国民戦線コルシカ県委員会は、県都アジャッキオから攻撃命令の檄を飛ばした。その檄文は軍事と政治の二面からなり、のちのフランス本土解放時の雛形となった。「いたる所でただちにドイツ軍に対する戦闘を開始し障害をつくり待ち伏せを行い、ドイツ軍車両に銃火を浴びせ彼らの移動を妨げ、あらゆる手段によって絶滅しなければならない。……反愛国的市会の更迭、略式の粛清、県議会のために一村あたり二名の代表の選出等に関連する指令は、即刻実施されねばならない」。つまり、ドイツに対する戦い

▼ベニート・ムッソリーニ（一八八三～一九四五）　一九二二年のローマ進軍によって権力を奪取したイタリア・ファシズムの指導者で、第二次世界大戦では枢軸国として参戦したが、四三年に首相を解任され、四五年に銃殺された。

と対独協力派の粛清、新しい代表の選出を呼びかけた。かくしてコルシカは、フランスで最初に解放された県となる。コルシカ解放は、国民蜂起のスローガンを正当化する象徴として共産党によって利用される。ド・ゴールとジローの競合関係が、共産党の国民戦線を利した。

ド・ゴールはジローの独断的行動に立腹する。ド・ゴールにとって、国民戦線コルシカ県委員会が自由フランスへの参加を表明したことは良いとしても、県委員会が治安の維持や糧食の確保、反愛国的組織の解散とその指導者の逮捕や行政組織の粛正、それに新しい県議会の招集を矢継ぎ早に決めていったことは、国民戦線に影響力をもつ共産党の勢力伸張と映った。ド・ゴールは、本土解放時の問題がコルシカ解放に凝縮して示されたと考えた。彼は、ジローを退けるためにこの機会を利用すると同時に、共産党との対決姿勢を強めつつ、共産党を懐柔する作戦にでる。

すでに一九四三年十一月三日には、のちの議会に成長すべく抵抗運動諮問議会が招集されていた。議会は、粛清やレジスタンスへの援助、解放後の公権力の性格などについて協議した。さまざまな議論がなされたが、結局、四四年四月二十一日の政令によって、政府のパリ帰還後に捕虜の帰国を待って地方選挙と国政選挙をおこない、新たなフランス国家の枠組みを決定することが告げられた。また、四三年十月から十一月にかけて解放委員会が改組され、議長はド・ゴール一人となり、政党と抵抗運動の指導者が加えられた。かくしてド・ゴールは、親米的で親ヴィシー的なジローとの戦いに勝利をおさめ、名実ともにフランスの代表としての地位を確立した。

　こうして内外のレジスタンス組織の統一が達成される。一九四四年四月には、ビュー▲とグルニエ▲という二人の共産党員も解放委員会に加わった。六月二日、解放委員会は共和国臨時政府を名乗る。これは解放後をにらんだド・ゴールの戦略であった。連合国による軍政を阻止すべく、フランス独自の中央政府を樹立した。七月二十七日、アルジェの議会における最後の演説のなかでも、ド・ゴールは「国家を再建する」決意を表明していた。しかし、英・米政府が臨時政府を公式に承認するのはパリ解放後の十月であった。臨時政府は英・米政府に既成事実を押しつける。ドイツ軍の撤退とともに一八人の共和国委員が任務につき、フランス軍と連合軍の安全の確保や共和政の合法性回復や住民の必要

▼フランソワ・ビュー（一九〇四～七八）　共産党員ゆえに一九四〇年から四三年まで収監されていたが、ジローによって釈放され、アルジェにおける共産党の責任者となる。臨時政府の国務大臣となり、戦後も厚生大臣や国防大臣を務めた。

▼フェルナン・グルニエ（一九〇一～九二）　共産党の下院議員で、一九四〇年十月にドイツ軍に逮捕されたが翌年六月に脱走した。四二年末に共産党とド・ゴールとの公的な関係を結ぶ任務を受けて四三年一月に渡英し、臨時政府の空軍大臣となる。

▼**ピエール・ケーニグ**（一八九八〜一九七〇）　早期に自由フランス軍に参加してアフリカや中東での作戦に従事し、一九四二年六月にビル・アケム（リビア）でロンメル軍を打ち破って戦闘を勝利に導いたフランス軍人。その後、フランス国内軍の司令官や解放後のパリ司令官となり、戦後には国防大臣も務めた。

を満たす仕事に取り組んだ。ヴィシーによって廃止された議会が復活し、各県に県解放委員会が設けられた。三月には、レジスタンスの武装勢力がフランス国内軍（ＦＦＩ）に統合される。五月にＣＮＲ内にも軍事行動委員会《コミテ・ダクシオン・ミリテール》（ＣＯＭＡＣ）が設けられていた。ＣＯＭＡＣの三委員のうち二人が共産党員であり、ＦＦＩを率いるケーニグ▲将軍との対立を引きおこしもした。

ノルマンディ上陸からパリ解放へ

一九四四年六月六日のノルマンディ上陸から八月二十五日のパリ解放にいたる戦いは、国民蜂起として戦われた。ド・ゴールは、六月十四日、解放されたバイユーの町を訪れて共和国臨時政府の名において戦いの継続を訴える演説をした。「戦いの道は自由への道、名誉への道である。……われわれがかちとるであろう勝利は、自由の勝利であり、フランスの勝利である」。同時にド・ゴールは、バイユーの町に共和国委員を代行する民事と軍事の要員をおいてフランスの主権を確立していく。これは、フランスを分割占領して軍政下におこうという英・米両国の方針を阻止するためであった。

七月五日からド・ゴールはワシントンを訪問した。それは、ローズヴェルト政権のド・ゴールに対する態度が軟化したことを示していた。なぜなら、四四年の春ですらローズヴェルトは、ド・ゴール以外の人物をフランス代表に擁立する工作をあきらめていなかったからである。訪米の結果、七月から八月にかけて英・米政府は、フランス共和国臨時政府が公権力を行使し貨幣発行の権限をもつことを認めた。ド・ゴールは中央政府の樹立をめぐる連合国との戦いに勝利した。

パリ解放をめぐってもド・ゴールと国内レジスタンス、ド・ゴールと連合国の間に意見の相違があった。アイゼンハワー▲連合軍最高司令官は、パリを迂回して進軍し、パリのドイツ軍守備隊の退路を断つ戦術を考えていた。なぜなら、市街戦による犠牲の大きさや退却するドイツ軍による破壊、解放後のパリ市民への糧食の確保と輸送などにトラックやガソリンを割く必要から生じる終戦の遅れなどを心配したからである。これに対してド・ゴールは、できるだけ早くパリを解放することをケーニグ将軍に命じた。ド・ゴールは首都パリがもつ象徴性を知悉していた。パリを支配する者がフランスを支配するからだ。それは、

▼**ドワイト・アイゼンハワー**（一八九〇～一九六九）　一九四二年六月に欧州におけるアメリカ軍司令官としてロンドンに着任し、四三年十二月からは連合国最高司令官としてヨーロッパ解放のために戦ったアメリカの軍人で、戦後に第三四代大統領（在任一九五三～六一）となる。

共産党に対して先手を打ち、自己の権威をパリに確立するという意味でも必要であった。

ド・ゴールは八月十六日にまだアルジェにいた。彼はアルジェ駐在の連合軍司令部に帰国の許可を求めた。表向きの理由は連合軍が解放したフランスの視察であったが、真の理由はパリに行くことであった。八月二十日にド・ゴールは、アルジェから飛行機でノルマンディの飛行場におり立った。ド・ゴールはアイゼンハワーにパリへの進撃を要請する。アイゼンハワーはド・ゴールの要求を拒絶した。ド・ゴールはフランス軍の単独行動も辞さないつもりであった。フランス軍の第二機甲師団を率いるルクレール将軍も独自の行動を考えていた。国内レジスタンスも蜂起を望んだ。連合軍のパリ接近をラジオで知り、自力による解放を欲した。ロル＝タンギー▲大佐がパリ蜂起の責任者である。彼は筋金いりのコミュニストであった。パリ解放委員会の指導部には共産主義者が多かったが、彼らも即時の共産主義革命を志向してはいなかった。パリの抵抗派は、一日も早くドイツ軍の占領状態に終止符を打ちたかった。このような情勢を、パリのド・ゴール派代表部は押しとどめることができない。

▼**アンリ・ロル＝タンギー**（一九〇八～二〇〇二）　スペイン国際旅団にも参加した共産党系の金属労組の活動家で、戦中は共産党の軍事組織で活動し、パリ蜂起でも中心的役割を演じた。

▼**ディートリッヒ・フォン・コルティッツ**（一八九四～一九六六）　ヒトラー暗殺未遂事件後の人事異動でドイツ軍パリ地区総司令官として着任した将軍。パリ解放後に捕虜となってイギリスに留置されたが、一九四七年に釈放された。

パリ市民が立ち向かうドイツ軍パリ地区総司令官コルティッツは、八月九日に着任したばかりであり、パリの破壊命令を受けていた。パリの鉄道員は十日からストに突入しており、地下鉄も十二日から業務を停止した。十四日に郵便局、十五日に警察官のストが続く。パリ警視庁にはド・ゴール派と共産党系と中立系の三つの抵抗組織があった。八月十八日に共産党主導のパリ解放委員会は、翌日の蜂起を決定した。パリのド・ゴール派代表のパロディやシャバン＝デルマスは、時期尚早の蜂起には反対であった。しかし、蜂起の既成事実に直面したド・ゴール派は先手を打った。二〇〇〇人のド・ゴール派は、十九日午前八時にパリ警視庁の奪取を敢行する。これは治安機構を共産党にわたさないという意思表示であった。ここにも首都解放のヘゲモニーをめぐる国内レジスタンスの勢力争いがみられた。

共産党は一時間の遅れをとった。それでも十九日の朝、パリのいたる所に「総動員」を告げるポスターが貼られた。蜂起が始まる。パリ蜂起軍は、警視庁や市庁舎、区役所などを占拠した。異変を知ったドイツ軍との衝突が起きる。スウェーデン総領事ノルドリンクの仲介で二十日に休戦協定が結ばれたが、二

▼アレクサンドル・パロディ（一九〇一～七九）　ド・ゴール派の国務院評定官で、戦中には抵抗組織「南部解放」の一員となり、CNRでは総合研究委員会委員として戦後再建案づくりに尽力した。戦後には厚生労働大臣・NATOのフランス代表・外務省事務総長などを歴任した。

▼ジャック・シャバン＝デルマス（一九一五～二〇〇〇）　一九四〇年十二月からパリでレジスタンス活動に従事し、ロンドン・アルジェ・国内レジスタンス組織との仲介者として行動した。戦後はド・ゴール派として大臣や首相を務めた。

▼ラウル・ノルドリンク（一八八一～一九六二）　パリで生まれ人生の大半をパリで過ごしたパリ駐在スウェーデン領事で、一九四四年八月のパリ蜂起時に流血と町の破壊を最小限にとどめるべく調停にあたった。パリ一一区に彼の名を冠した広場がある。

十二日に戦闘が再開された。同日、アインゼンハワーもついにルクレール将軍のパリ進撃に同意した。ルクレール師団は、兵員一万六〇〇〇人と四五〇〇の車両をもっていた。他方、ドイツ軍の援軍がパリに向かっていた。援軍とルクレール師団のどちらがさきにパリに到着するかによって、パリの運命は決まる。時間との戦いが始まる。ドイツ軍が先着すれば徹底抗戦とパリの破壊が待っていた。二十四日の晩にルクレール師団の先遣隊がパリに到着した。パリは救われた。フランス軍到着のニュースは、ただちにラジオで報じられた。

ド・ゴールとパリ解放

八月二十五日、ドイツ軍総司令官コルティィッツ将軍との間で降服文書がかわされ休戦が成立した。ド・ゴールも、同日午後四時、パリのモンパルナス駅に着いた。彼は、降服文書に共産党系のレジスタンス国内軍指揮官ロル＝タンギー大佐の名があとから加えられたことを認めない。ド・ゴールにとって、降服文書はフランス国家を体現する自由フランス軍との間で調印されねばならなかった。国づくりをめぐるド・ゴールと共産党の争いが本格化する。

ド・ゴールはレジスタンスが待ちかまえる市庁舎には直行せず、まず陸軍省にある大臣室へ行き、そこに本部を設けた。大臣室が一九四〇年六月十日のままであることを知る。「家具ひとつ、壁掛けひとつ、カーテンひとつ、とり除かれてはいない。……国家をのぞいて、そこには欠け落ちているものはなにもない。国家をそこに据え直すのは私の仕事である。それゆえ、私はまずそこに腰を据えた」。臨時政府代理のパロディが陸軍省に駆けつけ、レジスタンスの代表が市庁舎で待っている旨を伝える。しかし、ド・ゴールは市庁舎へ直行しない。

ついでド・ゴールは警視庁へ赴き、中庭でパリ警察の閲兵をおこなう。それは、警視庁が国家機関であると同時に首都の解放に重要な役割を演じたためであった。ド・ゴールは最後に市庁舎を訪問した。ド・ゴールが陸軍省に向かってからすでに二時間が経過していた。市庁舎にはCNRとパリ解放委員会のメンバーが集まっていた。ド・ゴールの市庁舎までの経路には、国外レジスタンス指導者ド・ゴールの国内レジスタンスへの対決姿勢があらわれていた。CNR議長ビドー▲が、市庁舎前に集まった市民に「共和国の宣言」をするよう、

▼**ジョルジュ・ビドー**（一八九九〜一九八三）　キリスト教民主派の政治家で、ジャン・ムーラン逮捕後のCNR第二代議長となる。第四共和政期に大臣や首相を務めたが、アルジェリア問題ではフランス領アルジェリアの死守を主張してド・ゴールと対立し、議員特権を剥奪された。

パリ解放を祝う行進

ド・ゴールに要請する。フランス史上、パリ市庁舎のバルコニーから共和政宣言がなされるのが習慣であった。ド・ゴールはそれを拒む。「共和国は一度も存在をやめたことがなかった」「私自身が共和国政府の首班である」とド・ゴールはいう。自由フランスから臨時政府へと、共和政の血は流れているというのだ。そして彼は、市庁舎のバルコニーから「パリ！　侮辱されたパリ！　打ち砕かれたパリ！　殉難のパリ！　しかし今や解放されたパリ！」を市民に語った。

ド・ゴールはレジスタンスによる叙任を拒否した。彼は翌日おこなわれる凱旋行進にCNRをまねきもせず、またCNRに政府の建物をあてがうことも断った。こうしてド・ゴールは、フランスを統治するのはレジスタンスではなくて中央政府であることを明瞭に示した。ド・ゴールは『大戦回顧録』のなかで、フランスが統治されるためには、「私の権力に併存するいっさいの権力が排除されねばならない」と断言している。中央政府の樹立をめぐるド・ゴールとレジスタンスの第一ラウンドは、ド・ゴールの勝利に終わった。八月二十六日午後三時、ド・ゴールはシャンゼリゼを行進した。車道の両側と屋根は黒山の人だかりであった。窓という窓には人と三色旗が鈴なりに連なっていた。ド・ゴールはこの光景を「陽光に照らされつつ三色旗のもとにうねり続ける生きている波濤」と形容した。彼はノートルダムでミサをあげ、全世界にパリ解放を知らしめた。

ド・ゴールの攻勢

解放のリズムは速く、ノルマンディ上陸から四カ月でアルザス以外のフランスはほぼ解放された。九月九日にパリに帰還した臨時政府は、国家再建の仕事に取りかかる。臨時政府は日常生活の正常化や連合国による政府の承認、単一の陸軍の創設、レジスタンス権力の解体、連合国の一員としてフランスの完全解放からドイツ占領に参加することなどをめざす。ド・ゴールは、九月十二日に有力者八〇〇〇人をシャイヨー宮にまねいて政府の基本姿勢▲を説明した。

ド・ゴールは解放された地域を順次凱旋行進する。それは国王の巡行のごとく、政府の主人がレジスタンスではないことを印象づけた。ド・ゴールは、秩序の回復と同時に「国の解放は底の深い社会変革を伴わねばならない」ことを

▼**政府の基本姿勢**　男女普通選挙による国民議会招集まで、CNRのメンバーが中核となる諮問議会の協力をえて政府が任務を遂行。利益団体連合の廃止、大公共事業体や大企業の国家管理など。

▼**第五列**　敵の内部にまぎれ込んで諜報や破壊に従事する部隊のこと。スペイン内戦から生まれた用語。

▼**モーリス・トレーズ**（一九〇〇〜六四）　フランス共産党書記長で、大戦中はソ連に亡命していたが、帰国後には国務大臣を務める。

理解していた。それは社会政策と国有化を含むものであった。国家の再建は秋にゆっくりと開始される。また、レジスタンスからあらわれた地方権力たる県解放委員会は単なる諮問会議となり、二重権力状況はド・ゴールが主宰する臨時政府によって収拾された。もっとも、二重権力状況が収拾されるにはかなりの時間を要し、左翼の間では「革命」が囁かれていた。ド・ゴールのレジスタンス勢力への攻勢が始まる。

政府は九月にマキ（対独抵抗派）とＦＦＩを正規軍に編入し、それ以外の者には復員を命じた。十月二十八日には共産党が力をもつ愛国民兵の解散を命令した。共産党はパリ解放後に、反逆者の追及や第五列▲からの防衛を目的とする愛国民兵を設けていた。共産党支持のＣＮＲは、愛国民兵の解散反対を決議し流血の事態も生じた。危機が深まる。その時、救いの神《デウス・エクス・マキーナ》として登場したのが、トレーズ▲共産党書記長である。彼は、一九三九年十月に戦線離脱してソ連に亡命し、軍法会議で逃亡罪の宣告を受けていた。そのトレーズにド・ゴールは特赦を与えた。それは、四四年十二月のド・ゴールによるモスクワ訪問の地ならしという意味もあった。ド・ゴールは英・米両国との対抗上、ソ連カードを活用してきた。ソ連も国益に一致する場合には、ド・ゴールを支持してきた。冷戦が始まり、ソ連は国際的階級利益よりも国益を重視する。フランス共産党は、そのようなクレムリンに忠実であり続けた。

十一月二十七日にソ連から帰国したトレーズが、愛国民兵の解散を受諾したことによって緊張も終息した。共産党は合法性を尊重し、三〇年代の人民戦線の歴史を再開する。今回は政府に閣僚を送っていた。ド・ゴールは『大戦回顧録』のなかで、「彼ら（共産主義者）はなんら蜂起的な動きを試みはしないであろう。もっといいことには、私が統治しているあいだ、一度としてストライキがおこなわれないであろう」とか、「私が退陣するときまで、私の権威を無視したり、私の人格を侮辱したりすることは、彼らはつねにさしひかえるであろう」と自信に満ちた言葉を書きつけた。ド・ゴールとレジスタンス勢力との戦いの第二ラウンドも、ド・ゴールの勝利に終わった。

無念の退陣

一九四四年十一月七日、リュクサンブール宮で議会が招集された。翌年五月に市議会議員選挙がおこなわれ、十月には女性がはじめて参加した国政選挙と国民投票があり、憲法制定国民議会の招集が決められた。十一月、ド・ゴールはあらためて政府首班に選ばれ、臨時政府は正式の政府へと羽ばたく。十月の総選挙で勝利したのは、レジスタンスの正統性を権力資源とした三党（共産党・人民共和運動・社会党）であった。ド・ゴールは、選挙で八割の議席を占めた三党から入閣者をふやすために内閣改造をよぎなくされる。第一党になった共産党は、主要閣僚（内務・外務・国防）を含む大臣ポストの三分の一を要求したが、ド・ゴールに拒否された。ド・ゴールは、重要な省庁を共産党の手にわたす気もなく、連合国との関係上もできなかった。共産党は、経済閣僚四ポストと国務大臣の計五ポストで我慢せざるをえなかった。十二月には社会党が軍事予算の二割削減を要求して政府案に反対し、ド・ゴールに難題を突きつけた。

強力な執行権を望むド・ゴールは、行政府に干渉する第三共和政的な「排他的政党支配体制」の再現を許すことができず、「個別利益《アンテレ・パルティキュリエ》」に執着する政党《パルティ》の復活に業を煮やして一九四六年一月二十日に辞任する。ド・ゴールは、「再編成されつつあった諸政党のことで私をもっとも驚かせたのは、彼らが機会のありしだい共和国の全権力を自分たちのものにしたいと熱望していたことであり、しかも、政権を有効に行使する能力がないのを前もってさらけ出していたことである」と断罪している。フランスは対内的には対独協力派の裁判▲に加えて、憲法制定と経済の再建という重要問題をかかえ、対外的には冷戦とインドシナ戦争の本格化という事態に直面していた。

ヴィシー期のド・ゴールをまとめておこう。フランスはヴィシーの試練をへて政治家ド・ゴールをえた。ヴィシーの四年間は、ド・ゴールが「フランスの偉大さ」の再生という使命に目覚める過程でもあった。かつての大国から中級国家に転落したフランスの統一と国家の威信の回復こそ、ド・ゴールがめざしたものであり、ゴーリズムとは「偉大さへの意志」にほかならなかった。

▼対独協力派の裁判　一二万四〇〇〇件が審理され、一七六三人に死刑が宣告されたが、実際に処刑されたのは七六七人である。一九四五年にペタンとラヴァルも死刑宣告を受けた。ラヴァルは処刑されたが、ド・ゴールはペタンを終身刑に減刑した。

③―政治家ド・ゴール

戦後復興期のフランス

第四共和政▲は、一九四六年一月のド・ゴールの首相辞任から五八年六月の首相復帰によって画される一二年間の政体といってよいだろう。ド・ゴールは、四五年七月十二日や九月四日に第三共和政の無効と第四共和政の誕生を訴え、四六年六月十六日にはバイユーで二院制の議会と「諸政党の上に位置する」大統領制の憲法を提唱した。しかし、十月に成立した憲法は第三共和政憲法と変わらないものであった。ド・ゴール辞任後、三党政府▲がフランスの舵をとったが、四七年五月に共産党が政権から排除されて以後、社会党・人民共和運動（MRP）・中道諸派の連立内閣がフランスを率いた。いわゆる「第三勢力」の時代である。しかし、カリスマ性のあるド・ゴールと大政党に成長した共産党が野にくだった政体は、第三共和政同様に不安定で一二年間に二四回政権が交替している。与党は親米反共という点では一致しえても、政教分離問題で社会党とMRPが対立し、経済問題では計画経済《ディリジスム》を支持する社会党とそれに批判的

▼**第四共和政**　憲法上、第四共和政の期間は一九四六年十月から五八年十月までである。

▼**三党政府**　社会党・共産党・人民共和運動の三党による連立政府。

な急進党など、与党内部の凝集力は弱かった。それでも四五年末から四六年にかけて、フランス銀行・四大預金銀行・電力・ガス・石炭・保険会社の国有化が決められた。

戦後の国家は冷戦と無関係には生存しえない。チャーチルの鉄のカーテン演説(一九四六年三月)とトルーマン・ドクトリンの発表(四七年三月)があり、共産主義との対決が宣言された。四八年六月のベルリン封鎖や五〇年六月の朝鮮戦争勃発など、深まりゆく冷戦下、フランスはパンの問題を解決せねばならなかった。戦後直後の耐乏生活は、日中の停電生活や衣料と食料の配給制にあらわれているが、パンの一日の配給量はなんとナチ占領期を下回っていた。フランス政府はアメリカからの援助によって危機を切り抜けようとし、四六年五月のブルム訪米によって二六億ドルの援助をえた。しかし、小売物価が三八年の一〇倍にはねあがるというインフレに対して、四七年四月に賃上げを求めてルノー工場がストにはいる。共産党系の労働総同盟(CGT)もストを支持した。共産党は、政府の賃金凍結政策に反対票を投じて「護民官」の役割にたちかえる。そこで五月に、社会党のラマディエ▲首相は共産党閣僚を排除した。こうして、

▼**ポール・ラマディエ**(一八八八〜一九六一) ペタン授権に反対した社会党右派議員で国内レジスタンスに参加後、臨時政府の食糧担当大臣となる。第四共和政憲法を支持してド・ゴールと袂を分かち、第四共和政下では首相や国防大臣、経済金融大臣を歴任した。

臨時政府期から続いてきた三党の協力体制は解体する。CGTも四七年末に分裂し、反共派がCGT‐FO(労働者の力)を結成した。

フランス国民連合(RPF)

ド・ゴールは、一九四七年四月七日にストラスブールでフランス国民連合(RPF)の結成を宣言した。「今やRPFがかたちづくられ、組織されるべき時である。RPFは、法にのっとり、意見の違いをこえて、公共の安寧のためにおおいに努力し、国家の根底的な改革を推進しかちとるだろう」。それは共産党に対する防衛的運動であった。四七年は対外的には冷戦が深まり(コミンフォルム結成・プラハ政変)、対内的にも共産党が攻勢を強めてゼネストが打たれた年である。三党政府に批判的な有権者の受け皿がRPFであった。RPFは夏にかけてフランス各地でロレーヌ十字と篝火のもとに集会をおこない、数千の熱狂的な支持者を集めていた。RPFが保守派の不満票を吸収して大躍進をとげるのは、一九四七年十月二十六日の地方選挙においてである。RPFは、人口九〇〇〇人以上の市町村で投票数の四割を獲得し、主要二五都市のうち、

●—**コロンベーにあるド・ゴールの私邸**　一九四〇年までは夏のヴァカンス時のみ滞在したコロンベー村（五六頁参照）の私邸は、ド・ゴールの終の棲家となった。

●—**一九四六年六月、バイユーで演説するド・ゴール**

一三都市（パリ、マルセイユ、リール、アルジェ、ストラスブール、ボルドー、ナンシー、ル・マン、グルノーブル、サン＝テチエンヌ、ランス、アンジェ、カーン）で勝利した。

　翌二十七日、ド・ゴールは地方選挙の余勢を駆って「国家を無力状態に追いやる混乱と分裂の政体」を断罪し、議会の解散と総選挙を要求した。反共姿勢を鮮明にしたRPFのピークは四八年初めの数カ月であり、加盟者は一五〇万にのぼる。しかし、ド・ゴールの独裁的なリーダーシップに不安を覚え、ド・ゴールは万人の自由を脅かすのではないかと考える有権者がふえ始めた。社会党書記長のモレ▲も、「ド・ゴールを受け入れることは独裁を認めることだ」と断言している。

　一九四七年六月にアメリカは、西欧の経済復興のためにマーシャル▲・プランを公表した。フランスは、戦後復興計画（モネ・プラン）を同年一月に実施していた。モネ・プランとは、モネを中心に立案された生産設備の近代化や労働生産性の向上をめざす四カ年計画であり、ヴィシー政府の官僚が作成した設備投資計画も参考にされていた。この修正モネ・プランがマーシャル・プランの受

▼ギー・モレ（一九〇五〜七五）　第四共和政期に首相や大臣を務めた社会党員で、大戦中は「民軍組織」という抵抗組織に属して戦った。一九六二年には大統領公選制に反対した。

▼ジョージ・マーシャル（一八八〇〜一九五九）　第二次世界大戦中のアメリカ陸軍参謀総長で、一九四七年に国務長官に就任し、戦後ヨーロッパの復興援助計画（マーシャル・プラン）を提唱した。ソ連圏が参加を拒否したマーシャル・プランは、東西対立を激化させたが、欧州統合を促進する一因となった。

け皿として利用された。この結果、国際収支の赤字は四六年の約二〇億ドルから五〇年の二億三〇〇〇万ドルへと大きく減少した。年平均成長率が五％台という「繁栄の三〇年」が始まり、フランス人の生活が改善し始めていた。五四年には経済は戦前の水準を上回り、戦中を想起させるモノ不足は過去のものとなった。それに出生率が上向いたことも、消費の拡大と経済の回復につながった。

独裁への不安と経済の好転によって、一九四九年三月の県議会議員選挙はRPFの退潮を示した。四九年に『フィガロ』が、反ド・ゴール派のジロー将軍の回想録を掲載したこともそれを傍証している。五一年六月の国民議会選挙では、与党勢力がアパラントマン▲という選挙方式を導入したこともあって、RPFは二六議席減らして一一七議席（六二七議席中）、得票数四〇〇万票、得票率二割強と四七年十月の選挙の半分に落ち込んだ。ド・ゴール自身は立候補していなかったが、RPFの曖昧な綱領は支持を集めない。その外交政策は親米かつ反米、ドイツ政策についてもボン政府に反対だがアデナウアー▲支持というように支離滅裂であり、その強烈な反共・反労組の立場は、内相モック▲によ

▼アパラントマン　連合名簿式比例代表制。選挙連合を組んだ政党の候補者が投票数の過半数を制すれば、その選挙区の全議席をえるという非民主的な選挙制度。例えば、ドルドーニュ選挙区の五議席は、連合を組んで過半数を獲得した急進党（四万九一八票、二議席）と社会党（三万六〇三三票、二議席）とMRP（一万四一三六票、一議席）に配分され、六万一五一七票と二万五〇九九票を獲得した共産党とRPFには議席がなかった。単純な比例代表制であれば、共産党が一五〇議席（実際には一〇一議席）、RPFは一四三議席を獲得していたと推計された。

▼コンラート・アデナウアー（一八七六〜一九六七）　キリスト教民主同盟の党首で西ドイツの初代首相（在任一九四九〜六三）となり、戦後西ドイツの骨格を築いた。

▼ジュール・モック（一八九三〜一九八五）　ペタン元帥の授権に反対した社会党議員の一人で、一九四〇年九月に逮捕されたが四一年二月に釈放され、四二年春に自由フランスに参加した。第四共和政期に八度大

臣を務めた。

▼アントワーヌ・ピネー（一八九一〜一九九四）　ペタンの授権に賛成後、ヴィシー政府の国民評議会のメンバーとなり、一九五二年に首相になった中道右派の政治家。

▼コロンベー　一九三四年六月にド・ゴールが購入して終の棲家とした村。正式には、コロンベー＝レ＝ドゥー＝ゼクリーズ村という。

って牙をぬかれた共産党の現状とは不釣り合いであった。このため、五二年三月には二七人の議員が脱党し、元ヴィシー派のピネー▲政権を支持する。ド・ゴールはこれに激怒するが、RPFの解体をくいとめることはできなかった。

一九五三年四月の市町村議会選挙では、RPFの得票率は一割に落ち込んだ。五月六日にド・ゴールも「戦争以来私が続けてきた努力は、現在までのところ実を結ばなかった」と認めざるをえない。彼は、コロンベー▲で『大戦回顧録』の執筆に専念し、五五年六月三十日に「《国政の舵とり》にはもう口出しするつもりはない」と、正式に公的生活からの引退を声明した。同時にド・ゴールは、「体制転換」のために「今度も私は世論の覚醒に寄与できればと思う」が、それには「再建の合図」となる「大混乱《ラ・スクス》」が必要だろうと語った。とはいえ、ド・ゴールは隠遁生活を送っていたわけではない。五三〜五七年にアフリカ・ポリネシア・カリブ海のフランス領を訪問し、五六年九月のニューカレドニアでは旧自由フランスの将校を前にして、新たな国難のさいに「大きな責任が課せられるのは私だ」と復活への意欲を示していた。しかも、元RPFの領袖一三人（閣僚のシャバン＝デルマスも含む）が毎週水曜にド・ゴールもまじえて「重鎮たちの昼食会」を開いており、ド・ゴール派▲の中核は健在であった。それゆえ「大混乱」が五八年五月にアルジェリアで突発した時、ド・ゴール派が再浮揚する芽は保たれていたのである。

ドイツ問題

一九五〇年代のフランスも戦間期同様にドイツ問題に悩まされた。ドイツ問題とは経済と安全保障のことである。経済問題は、ザールやルールの石炭をとおしてドイツ問題と化し、しかもヨーロッパ統合の問題として提示された。石炭と鉄の産地のルールは、モネが各国の保護主義への傾斜を阻止して共同で資源を管理する国際機関を構想した地域である。最終的にはドイツの要求で、ルール地方だけではなく、フランス・ベルギー・ルクセンブルクの炭鉱と工業地帯をも包含する国際機関となったが、この構想は五〇年九月にシューマン・プランとして提案され、五一年に欧州石炭鉄鋼共同体(ECSC)として六カ国▲によって批准された。その後もモネはヨーロッパ統合に尽力し、五七年には社会党のモレ政権下で欧州原子力共同体(EURATOM)と欧州経済共同体(EEC)

▼ド・ゴール派　ド・ゴール派の本部はパリ七区ソルフェリーノ街五番地にあり、現在はド・ゴール財団がはいっている。

ド・ゴール派の本部があった建物

▼六カ国　フランス・ドイツ・イタリア・ベネルクス三国の六カ国。

▼NATO　一九四九年四月に設立された対ソ軍事同盟としての北大西洋条約機構。

の結成に導き、両組織は五八年元旦から発足した。加盟国間の共通関税や人・モノ・サービス・資本の自由移動を謳うEECは、フランス農業とドイツ工業の利害を調整する共同市場として出発した。

安全保障は西ドイツの再軍備問題として焦点化された。NATO▲を設立したアメリカは、朝鮮戦争の勃発によって西ドイツの再軍備にゴーサインを出した。この問題は米仏関係を緊張させた。なぜなら、フランスにとってドイツ再軍備はナチスの亡霊の再現であり、とうてい承服できない問題であったからである。そこでフランス政府は、五〇年十月に単一の欧州軍(欧州防衛共同体、EDC)の創設を提案した。フランスは、ドイツの再軍備問題もECSCと同様に、ドイツを国際機関のなかに引きずり込むことで統制しようと考えた。EDCは経済共同体の軍事版として提案され、十二月にNATOは西ドイツの欧州軍参加を承認した。ドイツとの平和条約と並行して交渉が進められたEDCは、英・米・仏三国が対独平和条約に調印した翌日の五二年五月二十七日に西欧六カ国の合意をえて成立し、西ドイツの再軍備が承認された。

しかし、EDC構想はフランスの国家主権の制限とドイツの再軍備承認を意

▼オラドゥール裁判　一九四四年六月、ドイツ親衛隊の分遣隊がオラドゥール＝シュル＝グラーヌ村を襲撃して村人六四二人を虐殺した事件。実行犯のなかに徴兵された一三人のアルザス人がいたことが、問題を複雑にした。

▼元フランス駐屯ナチ親衛隊司令官の裁判　カール・オーベルク将軍とその補佐ヘルムート・クノッヘン大佐の裁判で、軍法会議は二人に死刑を宣告したが、五八年に減刑され、六二年にド・ゴールが釈放した。

破壊されたまま保存されているオラドゥール村

味したので、フランス議会から猛反対された。ド・ゴールも、フランス軍から主権を奪うEDC条約に反対であった。彼は、国家主権に縛りをかけるヨーロッパ統合には基本的に反対であり、超国家組織の音頭とりがモネであったこともド・ゴールの不満の種であった。モネは、一九四〇年の英仏合邦を主導し、四三年にはド・ゴールとジローを和解させようとした張本人であった。それに五三年一月にオラドゥール裁判、▲五四年秋には元フランス駐屯ナチ親衛隊司令官の裁判▲が開かれ、フランス人の反独感情は高じていた。EDCは、五四年八月に議会が批准を拒み流産してしまう。フランスは自ら提起した条約を自ら葬り去るという外交上の失態を演じたが、五四年十月に西欧連合条約(WEU)に調印して西ドイツの再軍備を承認し、外交的孤立をまぬがれた。

ド・ゴール派と共産党という左右の反米反体制政党の間で、中道諸派は第四共和政の擁護と親米反共路線を選択し、経済政策や欧州政策では比較的成果をあげたといえる。この結果、RPFは政治的活力をそがれて一九五三年に解散に追い込まれ、五六年一月の国民議会選挙でド・ゴール派は二一議席に激減した。しかし、「第三勢力」にとって躓きの石は植民地からやってきた。とくに地中海の対岸からあがった火の手が、第四共和政に致命傷を与えた。

脱植民地化の苦悩

植民地は、フランスにとって「帝国」たるゆえんのものであり、「フランスの偉大さ」の一要素であった。一九四四年一月のブラザヴィル会議は、植民地の自治拡大を謳いはしたが、独立については否定した。一九四六年憲法の前文も植民地解放を謳わなかった。海外県や海外領土をあわせて「フランス連合《ユニオン》」を名乗った第四共和政は、本国の権限の優越を前提としていた。そもそも、植民地化とはフランス人の意識のなかでは文明化に等しく、使徒的な使命感が働いた。つまり植民地化に反対することは、普遍的な「文明」に反逆することであった。文明の伝播者としてのフランス帝国主義を批判することは、フランス人には不可能といってよかった。だから植民地の独立運動は、文明国フランスへの反抗であり抑圧されるべきであった。左翼すらこの例外ではない。このため、フランスは脱植民地化という点でイギリスに遅れをとり、アルジェリア戦争という国家的危機をむかえたのである。それでは、「帝国意識」の深淵を垣間みせたヴェトナムとアルジェリアについて検討しよう。

ヴェトナムでは、第二次世界大戦の終結直後からヴェトナム独立同盟がハノイで蜂起し、ホー・チ・ミンが大統領となる国家が一九四五年九月に成立していた。パリ解放の先陣を切ったルクレール将軍は、ミズーリ艦上で日本との降服文書に調印するやインドシナに赴き、四六年三月にフランスとヴェトナムの間で暫定協定が成立した。ヴェトナムはフランスの存在を容認するかわりに、国家の統一と「フランス連合」の枠内での自治が認められた。この解決策は、現地の植民地主義者には過度の譲歩と映った。協定に反発するサイゴンの高等弁務官ダルジャンリュー▲提督は、六月にコーチシナ自治共和国を宣言して反抗する。ホー・チ・ミンとの会談も決裂し、四六年十一月にフランス艦隊がハイフォン港を艦砲射撃して第一次インドシナ戦争が勃発した。翌月、戦火が拡大した時の首相は、暫定とはいえ社会党のブルムであった。四九年三月にフランスは、日本軍が傀儡政権の頭として利用した皇帝バオ・ダイを再登板させて植民地の維持に腐心したが、同年十月の中華人民共和国の成立は独立派を勢いづかせた。

▼**チエリー・ダルジャンリュー**（一八八九～一九六四）　自由フランス海軍の指導者で植民地防衛評議会の一員。戦後はヴェトナムで勤務したが、一九四七年三月に解任された。

▼ピエール・マンデス・フランス（一九〇七〜八二）　急進党の政治家。一九四〇年に戦争継続のためにモロッコに出航して逮捕され、ヴィシー政府によって禁固六年の刑を受けたが、脱走して四二年二月にロンドンに着いた。国民解放委員会の財政委員として戦後の財政構造の組織化に着手し、臨時政府の国民経済大臣となり、五四年には首相（在任一九五四〜五五）となる。

一九五〇年に社会党を政府から追放した中道右派政権は、泥沼化したインドシナ戦争を解決しえなかった。五四年五月にディエン・ビエン・フーの戦いでフランス軍が大敗を喫すると、翌月、即時休戦を訴えるマンデス・フランス▲が首相となった。彼は「統治とは選択だ」と主張して、巨額の予算と兵力を投入する軍事的勝利の道か交渉による解決の道かの選択を国民に迫った。アメリカから財政支援をえていたとはいえ、戦費の負担にフランスは耐えきれなくなっており、赤字をふやすだけの植民地の切り離しや対米自主外交が志向された。かくして七月にジュネーヴ休戦協定が成立し、ヴェトナムの独立が承認されたが、ヴェトナムは北緯一七度線で暫定的に分割されることになる。フランス軍のインドシナ撤退は五六年四月に始まる。

アルジェリア問題

インドシナ戦争を解決に導いたマンデス・フランスのショック療法は、アルジェリア独立戦争を勃発させていた。マンデス・フランスがチュニジアについでアルジェリアの改革を容認したため、彼は独立反対派の集中砲火をあび、一九五五年二月に退陣をよぎなくされた。このようにインドシナ戦争が終結した五四年は、アルジェリア独立戦争が再発した年でもあった。すでに四五年五月、アルジェリア北東部のセチフでおこなわれた第二次世界大戦の勝利を祝うデモが独立を求める蜂起に転化した時、ド・ゴールの臨時政府は、軍隊を投入しておびただしい数のアルジェリア人を殺害していた。四七年八月十八日にもド・ゴールは、「フランスの不可欠な一部」としてのアルジェリアに対する「フランスの主権」を語っている。

一九五四年十一月に再開された反フランス武装闘争に対しても、首相のマンデス・フランスと内相ミッテラン▲は「アルジェリアはフランスだ」と述べて「反乱」の鎮圧を主張した。五六年一月に成立した社会党のモレ政府も強硬策に終始し、そのためにアルジェリアのフランス軍を五四年比で九倍の五〇万人に増強している。フランスは、五六年十月にアルジェリア民族解放戦線(FLN)のリーダーが乗った飛行機を強制着陸させて逮捕し、ナセル▲大統領のスエズ運河国有化に反対してスエズに派兵した。これは、FLNを支持するエジプトへの制裁という意味があった。また、五七年一月に全権をえたフランス軍が落下

▼**フランソワ・ミッテラン**(一九一六〜九六)　フランス初の社会党大統領(在任一九八一〜九五)。ヴィシー政権下で帰還捕虜の援護局長を務めたペタン派であったが、一九四三年からレジスタンス活動に軸足を移し、第四共和政期には幾度も大臣を歴任した。反ド・ゴール派の立場はゆらぐことはなかった。

▼**ガマール・アブデル＝ナセル**(一九一八〜七〇)　エジプトの軍人で、一九五二年にエジプト革命によって王政を打倒し大統領(在任一九五四〜七〇)となる。

傘兵部隊（パラ）を用いて鎮圧に乗り出した。パラによる拷問や殺害をともなった「尋問」の残虐さは、アレッグの書物で広く知られ、フランスは国際世論の非難をあびた。

アルジェリアでは、一〇〇万の入植者《コロン》が九〇〇万のアルジェリア人を支配していた。CNR第二代議長で一九四九年に首相になったビドーや前アルジェリア総督のスーステルも、「フランスのアルジェリア」を叫んでのちにド・ゴールと対立する。右派ゴーリストのスーステルは、アルジェリア蜂起の黒幕の一人だ。五八年四月十五日にガイヤール政権が倒れたのも、二月に起きたサキエト事件の処理に対するスーステルの政府批判が端緒となった。アルジェリアの独立を支持して政府の政策を批判したのは、サルトル、モーリアック、アロンらごく少数の知識人である。サルトルは、アルジェリアにおけるいっさいのフランスの事業が、ただ「植民者の利益のために遂行されてきた」ことを糾弾し、モーリアックは、脱植民地化と「フランスのアルジェリア」の終焉を支持した。アロンは、『アルジェリアの悲劇』（一九五七年）のなかで、アルジェリアの放棄とアルジェリア在住フランス人の引き揚げを主張していた。

▼アンリ・アレッグ（一九二一〜二〇一三）共産党員で『アルジェ・レピュブリカン』の編集者。一九五七年に落下傘兵から受けた尋問体験を発表しセンセーションを巻き起こした。

▼ジャック・スーステル（一九一二〜九〇）　一九四〇年にメキシコで自由フランス代表部を組織した人類学者で、四二年七月には情報担当委員に任命された。四五年にボルドーの共和国委員に任命され、四七年にはRPFの初代幹事長となるが、アルジェリア問題でド・ゴールに敵対し六八年まで亡命をよぎなくされた。

▼フェリックス・ガイヤール（一九一九〜七〇）　三十八歳という最年少で首相に就任した急進党の政治家。

▼サキエト事件　一九五八年二月八日、フランス空軍が中立国チュニジアの村サキエトを爆撃し、六九人の村民が死亡して国際世論から非難をあびた事件。空爆を知らされていなかった首相が、アルジェリア問題について英・米両国の調停を受け入れたため、「フランスのアルジェリア」派から弱腰外交を糾弾された。

④—大統領ド・ゴール

ド・ゴールの再登場

　ガイヤール政権崩壊後、フランス政界も混迷を深め、政権が一カ月空位状態にあったさなかの一九五八年五月十三日、入植者と学生が白人の既得権を守るためにアルジェで決起した。パラ指揮官のマシュ将軍やインドシナ戦争時の司令官サラン将軍などのフランス軍将校も反徒と合流し、右翼的な公安委員会が組織される。首謀者は、十四日未明、ド・ゴールに「フランスのアルジェリア」を擁護するために政権を担うように求めた。十三日に成立したフリムラン内閣は、なす術もなく立ち往生していた。五月十三日事件で大きな役割を演じた一人は、ド・ゴール派のデルベックである。彼は、四月二十七日にド・ゴールを訪ねてアルジェの状況を説明し、捲土重来を期していたド・ゴールに決起を促したが、アルジェの反徒とド・ゴールの見解が一致していたわけではない。独自の情報収集を続けていたド・ゴールも、五月十五日、内戦の危機の前で「共和国の権力を引き受ける用意がある」と声明する。そこで政府は、ド・ゴ

▼ジャック・マシュ（一九〇八～二〇〇二）　自由フランスに参加した軍人で、アルジェ蜂起後の公安委員会の委員長となる。ド・ゴールのアルジェリア政策を批判したことで一九六〇年一月に左遷されたが、六六年三月にドイツ駐留フランス軍総司令官となり、ド・ゴールに忠誠をつくした。

▼ラウル・サラン（一八九九～一九八四）　植民地で長く勤務してきた軍人で、一九五六年十二月にアルジェリア総司令官となってアルジェリアの独立に反対した。六二年四月の蜂起にも関与し、終身禁固刑を受けた。

▼ピエール・フリムラン（一九〇七～二〇〇〇）　アルザスを地盤とする人民共和運動の政治家で、第四共和政期に大臣や首相を務めた。

▼レオン・デルベック（一九一九～九一）　ノール県出身の労働者でレジスタンスやRPFで活動し、五八年初めにアルジェで「監視委員会」を組織して、ド・ゴールの政権復帰を画策した。

ールに三点（フリムラン政府を唯一の合法政府と認めること、公安委員会の否認、組閣を要請された場合には憲法上の手続きを尊重すること）について態度を明確にするように求めた。ド・ゴールは、十九日の記者会見で三点については曖昧に答えた。しかし、「私が自由を復活させた」のであり、「六十七歳の私が独裁者の経歴を始めようと信じる人がいますか」と述べて独裁への懸念をぬぐい去り、「私は村に帰って、国民の意向を待ちます」と結んだ。二十二日に元首相ピネーがコロンベーを訪れて、軍事行動をはばむために影響力を行使するようド・ゴールに求めつつも、権力復帰には反対も多いことを述べたように、フランス政界では事態の進展はみられなかった。

二十四日、反乱軍がコルシカに進駐し、フランス本土をもうかがう構えをみせた。アルジェリアにはフランス本土の二倍の軍人がいた。二十一日に反徒のラガイヤルド▲がフランスに乗り込んでクーデタの準備にあたっており、本土の反乱が現実味をおびてきた。クーデタの危機が高まるなかで、ド・ゴールと首相や大統領との話し合いが始まる。二十六日朝、モレ副首相の手紙を受け取ったド・ゴールは、フリムラン首相に会見を申し込んだ。会見はその夜実現した

▼**ピエール・ラガイヤルド**（一九三一〜二〇一四）　一九五七年十二月にアルジェリア学生総連合議長となって、アルジェ蜂起に参加した弁護士。五八年十一月には下院議員となって、「フランスのアルジェリア」路線を追求した。

が、ド・ゴールがアルジェの反乱を明確に否認しなかったので結論にはいたらなかった。

しかし、二十七日正午過ぎにド・ゴールは声明を発して大きな一歩を踏み出した。「昨日私は、国《ペイ》の統一と独立を保障する共和国政府の樹立に必要な正規の手続きを開始した。……こうした状況下では、公の秩序を脅かすいっさいの行動は、誰がおこなうにせよ重大な結果をもたらす恐れがある。現情勢に鑑み、私はそれに賛同できないであろう。私はアルジェリア駐在の陸・海・空軍が、サラン将軍、オーボアノー提督、ジュオー将軍の指揮に忠実に服従することを期待する。私は、これらの指揮官に信頼を表明し、すみやかに彼らと接触したいと望んでいる。」

二十八日、フリムラン内閣が総辞職した。コティ▲大統領もド・ゴールが救国内閣を率いることに同意する。ド・ゴールは、組閣の条件として半年の全権委任・四カ月の議会休会・新憲法を作成し国民投票にかけることを持ち出した。この条件が認められ、六月一日、ド・ゴールは共産党を除く挙国政府を率いた。ド・ゴールの側近マルロー、モレ、フリムラン、ピネーら元首相も大臣として

▼**ルネ・コティ**（一八八二〜一九六二）　ペタンの授権に賛成した中道右派の政治家で、のちにレジスタンスに転じ、一九五三年に大統領となる。

アルジェリア政庁で演説するド・ゴール

入閣していた。「フランスのアルジェリア」派のスーステルも七月に入閣したが、主要閣僚はアルジェリア独立容認派であり、それが反徒に不満を残した。六月四日、ド・ゴールはアルジェリアに赴き、アルジェリア政庁のバルコニーから群衆に語った。彼は両腕を大きく頭上に差しあげてVサインをつくりつつ、「私には君たちのことがわかっている」とフランス人にもアルジェリア人にも受諾可能な両義的な言葉を発し、双方に期待をもたせた。同時にド・ゴールは、「フランスは、今日この日以後、アルジェリア全土にただ一種類の住民のみが存するものとみなす。同等の権利と同等の義務をもつまったく対等のフランス人だけが存在するのだ」と述べ、絶望からFLNに走った人々に「和解の扉を開く」と結んだ。ド・ゴールは、一九六〇年十二月までにアルジェリアを六回訪問して現地の声に耳をかたむけた。一八三〇年に植民地となって以来、これほど頻繁にアルジェリアを訪れた首相はいない。

ド・ゴールの再登場は一九四〇年六月との類比《アナロジー》でながめられた。国難に陥ったフランスの救済がド・ゴールに託される。ド・ゴールの関心は国家の威信の回復にあった。半年の全権をえたド・ゴールは、五八年九月二十八日に新憲法

▼一九五八年十一月の総選挙　UNRの結成は、十月一日に公表されたばかりであった。この選挙の特徴は、左翼政党の議席激減と第四共和政の元首相六人の落選である。第四共和政に対する有権者の批判の強さがうかがえる。

大統領となったド・ゴール

の是非を問うた。執行権を強化し議会の権限を弱体化した第五共和政憲法(例えば第一六条の大統領の緊急措置発動権)は、一七五〇万票(投票総数の七九%)をえて承認され十月に公布された。十一月の総選挙▲でド・ゴール派の新共和国連合(UNR)は、五五二議席中の二一六議席を確保する。イデオロギー対立と多党制による連合政治を政治文化としてきたフランスに、はじめて多数派による議会政治がもたらされた。十二月二十一日、ド・ゴールは、七万六〇〇〇人からなる選挙人団の投票総数の七八%の票をえて、「共和政的君主」ともいいうる権限をえた大統領に選出され、アルジェリア問題に本格的に取り組むことになる。

アルジェリアの独立

ド・ゴールは、一九五九年一月段階では「平和が回復し改善され、個性を自ら発展させフランスと緊密に結びついた明日のアルジェリア」について語っていたが、三月には「フランスは、アルジェリアが新しい人格をもつよう変わるために努力する」と表明した。同時にド・ゴールは、五九年春から夏にかけてフランス軍にオランやカビリア地方で大規模な掃討作戦を展開させている。しかし、ド・ゴールは、平定による秩序再建と普通選挙による自決権付与だけでは「アルジェリア問題は解決しない」ことも理解していた。そこで、民族自決を認めないサランら反乱将軍をあいついで解任し、スーステル情報相も一年余で罷免し、アルジェリア放棄を鮮明にする。五九年九月十六日、ド・ゴールはアルジェリアの運命をアルジェリア人に委ねると発言し、離脱(フランスからの完全分離)・フランス化(同化統合)・連合(フランスと緊密に結合したアルジェリア人によるアルジェリア人の政府)という三つの可能性にふれた。ド・ゴールの真意は連合にあった。ビドー元首相をはじめとして「フランスのアルジェリア」に執着するフランス人は、ド・ゴールへの反感を強めた。ド・ゴールによるマシュ将軍解任に抗議して、六〇年一月二十三日にはアルジェの大学がラガイヤルド派に占拠され、「バリケードの一週間」が始まる。翌日、ピエ・ノワール▲と機動隊との衝突で死傷者がでた。一月二十九日に軍服姿のド・ゴールは、テレビとラジオから「民族自決」を再確認し、軍には軍規に従うことを呼びかけ、軍隊内の反ド・ゴール派を一掃して事態を掌握した。

▼**ピエ・ノワール**　文字通り「黒い足」という意味で、アルジェリアに入植したヨーロッパ人を指す。語源としては、フランス軍兵士がはいていた黒い靴に由来するというものと、入植者の足が強いアフリカの日差しで黒く焼けていたからという二つがある。ピエ・ノワールにはスペインやイタリア出身者が多く、真正のフランス人は五人中の一人であった。

一九六〇年六月十日、ド・ゴールは単独講和にかたむいたFLN反主流派の代表とエリゼ宮で会見し、十四日にはラジオからアルジェリア共和国臨時政府（GPRA）に停戦を呼びかけた。GPRAが交渉に応じ、その代表団との会談は二十五日からパリ近郊のムランで始まった。フランスが停戦以外の政治交渉を禁じたために会談は決裂してしまう。手詰まり状態がしばらく続くが、十一月四日に新たな展開をみた。国民への演説のなかで、ド・ゴールの口から「アルジェリア人のアルジェリア」「アルジェリア共和国政府」という言葉が発せられた。六一年一月八日におこなわれた国民投票の結果、二七五〇万人の有権者のうち二一〇〇万人が投票所に赴き、一五五〇万人（有効投票の七六％、有権者の五六％）がド・ゴールに賛成し、アルジェリア人の民族自決が承認された。この結果を受けて、六一年一月十六日、GPRAもフランス政府との交渉開始を声明する。反乱軍にかつぎ出されたかにみえたド・ゴールは、反徒に肩すかしをくわせた。とはいえ、ド・ゴールも最初からFLNによる民族自決を考えていたわけではない。彼は、五八年に発足した「フランス共同体《コミュノテ》」の枠内でフランスと緊密に連合したアルジェリア自治政府を望み、五八年十月二十三日にはFLNに「勇者の平和《ラ・ペ・デ・ブラーヴ》」を提案し、七〇〇〇人の政治犯を釈放したりしていたが、独立派に有利な状況がド・ゴールに譲歩をしいたのである。

しかし、アルジェリアの独立に反対する勢力が「秘密軍事組織(OAS)」を結成し、プラスチック爆弾を用いたテロ活動を強化した。さらに、独立を阻止しようとあがく青年将校団が四将軍▲をかつぎ出し、一九六一年四月二十二日にアルジェで決起する。いわゆる「将軍フロンド」事件である。政府は非常事態を宣言し、反乱の首謀者を告訴した。ド・ゴールが憲法第一六条を発動して危機に対処し、反乱は四日間で終息する。今度は左翼も含む大半のフランス国民がド・ゴールの側にあり、フランスの脱植民地化はあと戻りできない地点を突破した。

第四共和政期に「フランス連合」として再編された植民地帝国は、第五共和政の発足とともに「フランス共同体」に衣替えしていた。ド・ゴールは「共同体か離脱か」を植民地に迫り、離脱する国には援助はしないと断言した。一九五八年十月、ギニアは即時独立▲を選んだが、それ以外の旧植民地は共同体に加盟した。旧植民地も五年以内の独立が認められていたが、実際には二年で一四

▼四将軍　モーリス・シャル、エドモン・ジュオー、マリ＝アンドレ・ゼレール、ラウル・サランの四将軍。ジュオーとサランは、この後、OASで活動する。

▼ギニアの独立　ギニアの指導者は、「隷従のなかの豊かさよりは貧困のなかの自由を選ぶ」と述べた。

の国が独立している。というのは、フランスの援助を断たれたギニアにアメリカとソ連から援助がもたらされ、ほかの旧植民地のフランス離れが懸念されたため、フランスは独立を認めざるをえなかったからだ。こうして、ド・ゴールがアルジェリア解決のモデルとした「共同体」構想は砂上の楼閣と化した。

一九六一年五月二十日からスイスに近いエヴィアンで、フランスとアルジェリアの代表が和平交渉を開始した。交渉は四期に分かたれて九カ月続いた。交渉項目は、政治・経済・財政・社会・行政・教育・軍事などのあらゆる分野にわたっていた。アルジェリアとフランスとの特恵的な結びつきを維持することと引き換えに、アルジェリアへの財政支援や技術協力も主張された。五月八日にド・ゴールはこう語っていた。「アルジェリアを内外ともに主権国家にするか否かを決めるのはアルジェリア人です。またこの国家が、フランスと共同するのかどうかを決めるのもアルジェリア人です。共同すればフランスは効果的な協力相手となり、諸共同体の組織的な協力を認めるでしょう」。またピエ・ノワールには、「どうか時代遅れの神話を捨てていただきたい。馬鹿げた争乱には加わらないでいただきたい。そこからは不幸しか生まれません」と植民地

▼**フェアハト・アッバス**(一八九九～一九八五)　穏健派のアルジェリア独立運動家で、一九四三年にアルジェリア人民宣言を起草し、連邦制による自治を要求していた。四六年にアルジェリア宣言民主連合を結成し、五八年にアルジェリア共和国臨時政府の初代大統領となる。

▼**ベン・ヘッダ**(一九二〇～二〇〇三)　アルジェリア独立運動の指導者で臨時政府の首相となり、フランスとの交渉をまとめあげた。一九六二年の独立後には解放戦線内の主導権争いに敗れて、ライヴァルのベン・ベラが大統領となった。

主義からの決別を訴えた。しかし、サハラ地域の国際管理を主張するフランスと領土権を主張するFLNが対立し、交渉は暗礁に乗りあげてしまった。一九六一年七月十八日、海軍基地返還をフランスに求めて軍事行動を起こしたチュニジア軍をド・ゴールが鎮圧したことで、緊張が高まる。しかも八月二十七日、GPRAの首相が穏健派のアッバスから強硬派のヘッダに交替した。しかし、新首相は「率直で誠実な交渉は、わが民族の自決権を確立し、独立を達成し、戦争を終結してアルジェリアとフランス両国民の実り多い協力への道を開く」と声明し、和平路線を鮮明にした。ド・ゴールも九月五日に「サハラ問題についてのわが行動指針は、国益を守ると同時に現実を考慮にいれることだ」と述べて、サハラがアルジェリアに属することを認めた。こうして交渉が再開される。

それとともにOASのテロ行為も過激化する。アルジェリアでは死者が一万二〇〇〇人に達し、フランス本土でもプラスチック爆弾が一〇〇〇件以上炸裂した。和平交渉の場を提供したエヴィアン市長が殺害され、サルトルやマルローもねらわれた。しかし、OASのテロはフランス人にアルジェリア戦争終結への決意をかためさせた。ついに一九六二年三月十八日、エヴィアン協定が結ばれ、アルジェリアの独立が正式に承認される。同時にド・ゴールは、アルジェリア軍事基地の一五年間使用権や核実験の続行を認めさせ、サハラの石油利権の半分をフランスのために確保し、入植者の財産も保証させるという老獪さも示した。四月八日にフランスでおこなわれた国民投票で、アルジェリアの独立賛成に一七九〇万票（有効投票の九一％）が投じられた。アルジェリアでの国民投票は七月一日におこなわれ、有権者の九〇％以上が独立に賛成票を投じた。

アルジェリア戦争が終結した一九六二年は、人民投票的大統領制が誕生した年でもある。大統領選出方法の改正案（国会議員と地方議員による間接投票から国民の直接選挙へ）は、独裁を危惧する政党の反対にもかかわらず、十月二十八日の国民投票▲で承認された。この改正は、大統領選出方法の機能不全（五三年の大統領選出に一三回もの投票を要した）の是正という以上に、大統領の正統性を高めて政党の上に超然と立つド・ゴールの政治手法のあらわれであった。すでに四月にド・ゴールは、国務院からロスチャイルド銀行に天くだっていたポンピドゥー▲を首相に指名して政党政治に挑戦していた。十月五日に不信任案が

▼大統領選出方法の改正案をめぐる国民投票　有効投票の六二％（有権者の四七％）の賛成をえたが、有権者の過半数にはいたらなかった。

▼ジョルジュ・ポンピドゥー（一九一一〜七四）　レジスタンスには参加していないが、戦後にド・ゴールに見出されて国務院に勤めた。第五共和政下で首相（在任一九六二〜六八）となって、ド・ゴール大統領との二人三脚でフランスの高度経済成長を実現し、ド・ゴール退陣後には大統領（在任一九六九〜七四）となる。

可決されてポンピドゥー首相が辞任した時、ド・ゴールは議会を解散した。小選挙区二回投票制による十一月下旬の選挙でド・ゴール派が過半数の議席を獲得したことを受けて、ド・ゴールはポンピドゥーを首相に再任し、ゴーリスト政党が「支配政党」として大統領を支える体制が築きあげられた。

ド・ゴール外交

ド・ゴールがアルジェリア危機を収拾して秩序を回復するにつれて、外交・軍事・経済の三面で「フランスの偉大さ」の再生を求めるゴーリズムが前面に登場した。三本の政策を束ねる原理は、英・米・ソ連と協力はするが決して依存せず、フランスの自立を確保することであった。こうした考えはおりにふれ表明された。一九四五年七月二十一日、ド・ゴールはフランスが「二つの世界の橋わたし役」になることを述べ、『大戦回顧録』でも西欧を米・ソ両国に対抗しうる「第三勢力」に引き上げることを語り、五三年十一月十二日には「ジブラルタルからウラルまで」のヨーロッパにふれ、六〇年五月末にも独立を失うことなく「大西洋とウラルの間に欧州協調を樹立する」という独自のヨーロッパ構想を提示した。ド・ゴールのヨーロッパ政策の基本は、超国家性の拒否とアメリカからの政治的・軍事的独立にあった。ド・ゴールのアングロ＝サクソンぎらいは、既述のように第二次世界大戦中に強められたものである。最晩年の回想録『希望の回想』のなかでも、「同盟国に対しフランスの主権を擁護すべく腐心したこの私にも、非難の声が聞こえてきた。それも、フランスはつねに譲歩せねばならぬという観念のなせるわざとしか考えられない」と、ヴェルサイユ条約以降の英・米両国に対するフランスの「忍従の習性」を批判している。

フランスを大国の地位に引き上げるという「偉大さへの意志」は、欧州統合や安全保障をめぐって国際政治を攪乱させもしたが、すべては「フランスの偉大さ」の回復にそそがれた。脱植民地化もその観点からながめられた。脱植民地化は民族解放という時代の趨勢とはいえ、そこには周到なド・ゴールの戦略があった。米・ソ両国に対抗しうるフランスの地位を確保するため、第三世界の民族解放運動を支持してフランスへの信頼を獲得することがねらいであった。また、フランス外交の伝統に倣ってソ連に接近した。一九六〇年三月二十三日、ド・ゴールがソ連首相フルシチョフをパリにむかえたのも、対米交渉でソ連カードを活用しようというあらわれである。ソ連首脳のフランス訪問は、ロシア革命後、はじめてのことであった。ドイツ問題で一致せず仏ソ首脳会談は成功しなかったが、この会談が米・英・仏・ソ四大国のサミットにつながったことは間違いない。ド・ゴールは、軍縮やドイツ問題を協議するために四大国のサミット開催を呼びかけ、五月十六日にパリで開くにいたった。しかし、五月一日にソ連領空でアメリカのU2型偵察機が撃墜されるというハプニングがあって、サミットは出鼻をくじかれてしまう。

一九六一年八月のベルリンの壁建設や六二年十月のキューバ危機以後の米ソ平和共存によって仏ソ接近の旨みがなくなるや、一転して六四年一月に中華人民共和国を承認した。先進国のなかで中国を真っ先に承認したのも、中ソ対立や米中間に国交がない時代におけるフランスの対米・対ソ戦略であった。その後も、六六年六月にド・ゴールがソ連を訪問して仏ソ友好に一役買ったり、同年八月のプノンペンでアメリカのヴェトナム戦争を批判し、その調停役を買ってでたりもした。アメリカ・ヴェトナム両国のパリ会談が開かれたのは、「五月革命」下の六八年五月十三日のことだ。こうした第三世界や東欧諸国との接近というド・ゴール外交は、左翼的政策の代行でもあり、フランス左翼の力をそぐことにつながった。このような全方位外交は、ヨーロッパ大陸におけるフランスの地位の確立と超大国アメリカからの自立路線から生じた。国益を根幹にすえた柔軟なリアリズムないしプラグマティズムが、ド・ゴール外交の神髄であった。

ド・ゴールの全方位外交を支えたのは軍事力だ。ド・ゴールは、国際秩序を維持しその権威を保障するには武力が必要だと語っている。彼の国防政策の特徴は外交と軍事の有機的結合にあったが、国防面でも国家の自主性を失わせる政策は否定された。一九五九年十一月三日、ド・ゴールは「フランスの国防はフランスが担うものでなければならない」と演説している。ド・ゴールにとって、現代における軍事的自主性とは核開発と核兵器の所有であった。軍事的自立への意志がフランスを核武装へと突き進ませた。六三年にアメリカが提案した多角的核戦力構想や部分的核実験禁止条約の調印をフランスが拒んだのも、米・ソ両国による核独占への批判からである。ド・ゴールは、五八年七月にア

▼**原爆実験**　さらに一九六六年七月から水爆実験がムルロワ環礁でおこなわれ、六八年八月に成功した。

メリカのダレス国務長官との会談で核武装を主張していたが、フランスの原爆実験▲は六〇年二月十三日にサハラで成功をみた。核実験成功の第一報を聞いたド・ゴールは、「フランス万歳！　今朝フランスはより強く、より誇り高くなった」と述べた。彼には「核兵器をもつ国は、核をもたない国民を容赦なく服従させることができ、同様に核兵器をもつ国民は核攻撃を抑止できる」(六四年七月二十三日)という考えがあった。

一九六三年はこのようなド・ゴール外交の独自性が全面開花した年である。この年、NATOからのフランス海軍の戦時離脱が宣告された。すでに、五九年三月にフランス地中海艦隊がNATOから離脱していた。それは、五八年九月十四日にド・ゴールが英米首脳に送った親書の実践であった。そのなかでド・ゴールは、「NATOがもはやフランスの国防上の必要にこたえていない」と宣言し、フランスにも英・米両国と対等の立場でNATOの決定に参画させるよう要求していた。同盟は対等かつ双務的なものであらねばならないからである。東西の緊張が緩和すれば、NATOはアメリカへの従属を欧州にしいると考えられた。したがって六六年三月のNATO統合軍事機構からの離脱は、

▼NATOからのフランス軍の離脱　フランスがNATOに部分復帰するのは、ポスト冷戦期の一九九六年のことであり、全面復帰は二〇〇九年のことである。

フランスの政治的・軍事的行動の自由の回復だと位置づけられた。六九年四月にNATOからのフランス軍の離脱▲が完了する。こうしたNATOの脆弱化はソ連の国益にもかない、仏ソ接近を促す一因になる。しかしド・ゴールが、「アメリカの保護国となることは拒否したけれども、その同盟者となることには同意」していたことを忘れてはならない。

繁栄の光と影

対米自立は経済的自立でなければならない。ド・ゴールは、一九五八年のフランスが「破産寸前」にあったと語ったが、実際にはマーシャル・プランによる重化学工業の近代化により、経済は上昇過程にあった。そのうえ、植民地戦争の終了で無益な戦費を近代化にまわすことができた。採算のとれないアルジェリアを放棄したことは、経済合理性にかなっていた。ド・ゴール政権が誕生する五八年元旦にEECも発足していた。国家主導の計画経済によって工業の近代化がはかられ、五八年十二月にド・ゴールは新経済政策を発表した。それは、エネルギー資源の開発、産業設備の近代化、公共投資の増額、EEC諸国との協調、フランの安定、最低賃金の引き上げなどの内容をもっていた。第三次経済計画が始まる。六一年五月八日にド・ゴールは「一六年前からフランスの活力を高めている全国開発計画は、きわめて重要な制度とならねばならない」と述べている。「偉大さ」の要素として工業力が植民地にとってかわり、年率五〜六%の高度経済成長が始まる。

ＥＥＣはフランス経済に利益をもたらしつつあったが、イギリスは、一九五六年七月に一七カ国からなる自由貿易圏構想を発表してＥＥＣ加盟国にゆさぶりをかけ、六〇年七月には非ＥＥＣ七カ国からなる欧州自由貿易連合▲を発足させていた。そこでド・ゴールは、六〇年九月五日の記者会見で、国家間協力を基礎にした「欧州の建設、すなわち欧州統合は明らかになにかきわめて重要なものである」と語り、政治・経済・文化・防衛の各分野での西欧の協力を述べ、関係各国政府による継続的協力体制、政府に従属した特別機構、各国の代表からなる議会、広範囲のヨーロッパ国民投票などを提起した。アデナウアーの支持もあって、経済統合から政治統合への転機が訪れたかのようであったが、イギリスやアメリカに気を使うオランダやベルギーからは好意的反応はなかった。

▼**欧州自由貿易連合**　フランスの反対で自由貿易圏（ＦＴＡ）構想は日の目をみず、イギリスは、オーストリア・スイス・デンマーク・ノルウェー・スウェーデン・ポルトガルの七カ国で欧州自由貿易連合（ＥＦＴＡ）を発足させた。

それゆえド・ゴールは、六二年五月十五日の記者会見で「統合されたヨーロッパ」は「外部のなに者か」に依存するようになるだろうとアメリカの存在をほのめかした。

イギリスのEEC加盟はヨーロッパ統合の基盤強化につながるといわれていたが、ド・ゴールは「アメリカと特殊な絆で結ばれている」イギリスをアメリカの「トロイの木馬」とみなしていた。すでに一九四九年九月二十五日、彼は「イギリスが大西洋の彼方の人々に引きつけられて欧州から遠ざかっている」と指摘していた。こうした経緯もあってド・ゴールは、六三年にイギリスのEEC加盟を拒否し、六七年にも再度イギリスの加盟申請を拒絶した。ド・ゴールは、六三年一月十四日に加盟拒否の理由として、共同市場への参加をイギリスが拒み、さらにその結成を妨げようと圧力を加え、ほかの国と自由貿易協定を結んだことをあげ、「イギリスに固有の性格・機構・状況は大陸諸国のそれとは根本的に違う」と述べた。また三日後にも彼は、「おそらくいつの日か彼ら(イギリス人)は共同市場に参加するだろう。しかし、その時私はもはやいないだろう」と語っていたが、イギリスの加盟はド・ゴール没後の七三年一月

ド・ゴールとアデナウアー

のことであった。

ヨーロッパ統合の渦は着実に広がっていたが、主権国家の枠を死守しようとするド・ゴールにとって、渦の中心にフランスがいない超国家的統合はありえない。だから、主権国家の枠をこえるEEC委員会の提案（共同体独自の財源・ヨーロッパ議会の権限強化）に異議を唱えるド・ゴールは、一九六五年六月にブリュッセルのEEC委員会からフランス代表を退席させ、半年の「空席危機」を引きおこしもした。ド・ゴールは、ヨーロッパ統合ではなくヨーロッパの国家連合を提唱していた。その第一弾としてド・ゴールは、アデナウアー西ドイツ首相との間でエリゼ条約（独仏条約）を六三年一月に締結し、外交・防衛・教育・青年交流の分野での協力を確認しあった。ド・ゴールは、フランスの市場拡大と生産力の上昇のためにドイツと手を組んだ。EECもフランスの力に役立ち、ドイツを抑えておく手段として利用された。「ドイツは脅威であるし今後も脅威であるだろう」といい続けてきたド・ゴールの政治的リアリズムである。

仏独和解の第一歩は、一九五八年九月十四〜十五日、ド・ゴールとアデナウ

ランス大聖堂

大聖堂前広場にある仏独和解を告げるプレート

アーの会談から始まった。会談がおこなわれた場所はコロンベーにあるド・ゴールの私邸である。両首脳は、和解協力の原則で一致し、ド・ゴールがつけた条件(既成事実となっている国境の承認、核武装の完全放棄、東方への友好的態度、再統一への忍耐強い意思)を西ドイツ首相が受け入れ前進をみた。六二年半ばまでにド・ゴールとアデナウアーは、四〇回の書簡交換と一五回の会談をとおして紆余曲折をへつつも友好を深め、それが仏独関係の強化につながった。六二年七月にランスで両首脳があいまみえ、九月にド・ゴールがドイツを訪問して条約がまとめられた。とはいえ、エリゼ条約の批准にさいして西ドイツ議会が、モネの働きかけもあり、英・米両国との協調を謳う「前文」をつけてド・ゴールのフランスとドイツを基軸とした欧州構想に抵抗したため、エリゼ条約は青年交流以外に成果はなく、パリ＝ボン枢軸と形容される仏独関係はド・ゴールなきあとに始まる。また、経済統合の進展とともにフランス経済の脱植民地化とヨーロッパ化が進み、農作物を中心にEEC域内へのフランスの依存が高まった。一進一退と停滞をへつつも六七年七月に、EECはヨーロッパ共同体(EC)となって発展的解消をとげる。

▼モン＝ヴァレリアン記念館　一九六〇年六月に開設され，ド・ゴール派の聖地となったモン＝ヴァレリアン記念館前のロレーヌ十字。ここで，大戦中に約一〇〇〇人の政治犯が処刑された。

ド・ゴールの権威が絶頂に達したのは、ムーランのパンテオン移葬式典を政府が主催した一九六四年十二月である。「戦うフランス」を称えるモン＝ヴァレリアン記念館▲の開設に続いて、ド・ゴールの側近にしてレジスタンスの英雄ムーランを称えることは、ド・ゴール自身を顕彰することでもあった。こうしてド・ゴールの権力復帰後数年で、フランスは安定し先進産業社会へと歩を進めた。しかしその背後では、国会議員でもなかったポンピドゥーが首相に抜擢されたように、高級官僚による管理社会化が進行していた。さらに、六七年三月の選挙で落選した二人の大臣が留任し、ド・ゴールの議会軽視は続く。また、高度経済成長から取り残された地域や階層が生まれていた。地域間格差は、ブルターニュ地方のサン＝マロとジュネーヴを結んだ線で区切られる地域間の経済格差や文化格差、いわゆる南北問題となってあらわれた。同時に小農や小商人などの伝統的中間層が没落をよぎなくされ、経済成長の裏面が浮き彫りになった。インフレを抑えるための賃金抑制策は国民の不満の種であり、貧富の差は縮まらない。国制や外交に強いド・ゴールも経済社会問題には弱かった。六五年十二月におこなわれた国民投票による大統領選挙で、ド・ゴールがミッテランに辛勝▲をしいられたことは、彼の威光に陰りが生じたことを示していた。外交上も六七年七月のモントリオールで、「自由ケベック万歳！　フランス語のカナダ万歳！　フランス万歳！」と演説して物議をかもしもした。

「五月革命」

成長のひずみが炸裂したのが一九六八年である。それは大学から始まった。フランスでも高学歴化が進み、学生人口は五七～六七年の間に三倍強の四八万人にふえたが、大学制度は基本的には一八九六年のままであり、学生の不満が鬱積していた。さらに、ヴェトナム反戦運動が支持を集めていた。パリ大学ナンテール分校の反戦学生が逮捕されたことを契機に一九六八年三月から始まった学生「反乱」は、五月にソルボンヌに飛び火した。五月三～十一日、カルチエ・ラタンにバリケードが築かれる。政府は警察力を行使して学生「反乱」を抑えにかかったが、弾圧のすさまじさが五月十三日のゼネストと数十万人のデモを呼んだ。デモ隊からは、「一〇年でもうたくさんだ」とド・ゴール批判の声があげられた。学生運動が労働運動を巻き込み、しかも、既成の労組や組織

▼ミッテランに辛勝　第一回投票で、ド・ゴールは四三・七%、ミッテランは三二・二%を獲得し、決選投票ではド・ゴールが五四・五%を獲得して再選された。

ド・ゴールこそがラ・シアンリだと非難するポスター

を乗りこえて、大学占拠から工場占拠へと紛争が拡大し、ストは、鉄道・郵便局・学校・全産業に波及した。労働者による自主管理の要求は、官僚制と家父長主義の軛につながれた「閉塞社会」への異議申し立てとなった。

五月十一日、ポンピドゥー首相は公式訪問先のアフガニスタンから急遽帰国し、警察の過剰警備を非難するとともにソルボンヌ再開を約束した。しかし、ド・ゴールは事態を「子どもの遊び」とみなして十四日からルーマニアに旅だった。事態が悪化したため予定を早めて十八日に帰国するが、「改革はウイ、バカ騒ぎ《ラ・シアンリ》はノン」という言葉がさらに学生を挑発した。十九日にはマンデス・フランスがド・ゴールの退陣を要求する。二十四日にド・ゴールは大学改革や社会改革のための国民投票を発表するが、印刷工のストで選挙ポスターや投票用紙の印刷もままならず、事態は沈静化しない。四〇年のダカール作戦の失敗、四六年の首相辞任、五三年のRPF解散、六五年の大統領選挙時と同様に意気消沈したド・ゴールの頭を引退の文字がよぎる。二十五日、虚脱状態にあるド・ゴールを尻目に、首相は労使の調停に乗り出した。最低賃金や給与の引き上げが認められ(グルネル協定)、学生運動と労働運動の分断がはかられた。二

●—三色旗におおわれた棺を運ぶ装甲車

●—コロンベーにあるド・ゴールの墓

十八日、ミッテランがド・ゴールの退陣と臨時政府の組閣を強く求め、街頭を左翼のデモがおおった。

二十九日にド・ゴールが失踪する。じつは、西ドイツ駐留フランス軍総司令官マシュ将軍と会い、軍の忠誠を確認していた。三十日、自信を取り戻したド・ゴールは、ラジオから「フランスには独裁の脅威が迫っている」と共産主義批判を展開しつつ声明を発表した。彼は、大統領の辞任も首相の交替も否定し、首相の忠言を受け入れて国民投票ではなくて議会解散で危機を打開しようとする。三十日には五〇万以上を集めたド・ゴール派のデモが、シャンゼリゼをうめつくした。選挙戦という合法性への回収によって危機も終息する。六月下旬の選挙結果は、九八九万票（有効投票の四四・六%）と単独過半数（二九三議席、与党全体では三六二議席）を獲得したド・ゴール派の圧勝であった。「五月革命」を乗り切ったド・ゴールも、十一月の通貨危機にさいしては合理的なフラン切り下げを、フランスの偉大さの切り下げであるかのように、「有害で安易な一時的便法」だと拒んで経済界からもみはなされた。また、ド・ゴールの独自のヨーロッパ構想も、八月二十日のワルシャワ条約機構軍によるプラハ侵入によってソ連圏への警戒感が高まり挫折をよぎなくされた。ド・ゴールは、「五月革命」の原因を官僚主義的中央集権制に見出し、一九六九年四月に地域圏の創設と上院改革に関する国民投票をおこなったが、国民投票に敗れ四月二十八日に退陣した。

ド・ゴールはコロンベーに隠棲して『希望の回想』の執筆にいそしんだが、一九七〇年十一月九日、死が訪れた。ナチ、ペタン、ヤルタ体制、第四共和政憲法、将軍フロンド、六八年五月、フラン切り下げなどに「ノン」といってきた「拒絶の人」ド・ゴールは、国葬をも拒んでフランスの大地に帰った。葬儀はコロンベーで私的にいとなまれた。自宅から教会まで、三色旗におおわれた棺を運んだのは砲塔をはずした装甲車であった。政府は十二日を国民服喪の日とし、ミサをノートルダム寺院で執り行った。ミサには世界から八〇カ国の首脳が参列した。国家元首が二六人。この数は、ケネディ、チャーチル、アデナウアー、アイゼンハワーの葬儀よりも多かった。

ド・ゴールとその時代

西暦	齢	おもな事項
1890	0	*11-22* リールに生まれる
1909	18	*9-30* サン・シール陸軍士官学校入学
1912	21	*10-10* アラス第33歩兵連隊に陸軍少尉として配属
1914	23	*8-1* 第一次世界大戦始まる
1916	25	*3-2* ヴェルダンの戦いで負傷し捕虜に。終戦までに6度の脱走を企図
1918	27	*11-11* 第一次世界大戦終了
1919-21	28-30	***1919. 4 ～ 21. 1-*** 臨時少佐としてポーランド軍に派遣
1921	30	*4-6* イヴォンヌと結婚
1922-24	32-33	***1922. 11 ～ 24. 10-*** 陸軍大学に入学し修了
1925	34	*10-* ペタン元帥付副官に任命
1929-31	38-41	***1929. 10 ～ 31. 11-*** 中東で勤務
1931	41	*11-* 国防最高会議書記局員に任命
1934	43	*5-5*『職業軍の建設を！』出版
1936	45	*6-6* ブルム人民戦線内閣成立
1937	46	*6-* 第507戦車部隊長としてアルザスで勤務
1939	48	*9-1* 第二次世界大戦勃発。アルザス・ロレーヌ第5軍戦車部隊長
1940	49	*1-26* ド・ゴール，機械化兵力に関する「覚書」。*5-27* ピカルディのアブヴィルで第4機甲師団を率いて戦う。臨時陸軍准将。*6-5* 国防次官に就任。*6-18* BBCから抵抗を訴える。*6-22* フランス降服。*7-3* メルセルケビール事件。*7-10* ヴィシー政府成立。*10-27* ブラザヴィル声明。植民地防衛評議会創設
1941	50	*6-22* 独ソ戦開始。*9-24* フランス国民委員会結成
1942	51	*6-10* ビル・アケムの戦い
1943	52	*5-27* 全国抵抗評議会がド・ゴールを支持。*6-3* フランス国民解放委員会結成
1944	53	*6-3* フランス共和国臨時政府樹立。*6-6* ノルマンディ上陸。*8-25* パリ解放。*9-9* 臨時政府パリ帰還。*10-23* 英・米・ソ，臨時政府承認。*10-28* 愛国民兵の解散
1945	54	*5-8* ドイツ無条件降服。*11-13* ド・ゴール，臨時政府首相就任
1946	55	*1-20* ド・ゴール，首相辞任
1947	56	*4-7* フランス国民連合結成。*6-5* アメリカでマーシャル・プラン発表される
1949	58	*4-4* 北大西洋条約機構発足
1954	63	*7-21* ジュネーヴ休戦協定締結
1958	67-68	*1-1* 欧州原子力共同体と欧州経済共同体発足。*5-13* アルジェリアでクーデタ。*6-1* ド・ゴール，首相復帰。*9-28* 第五共和政憲法承認。*12-21* ド・ゴール，大統領選出
1960	70	*3-23* ド・ゴール，ソ連首相フルシチョフをパリにむかえる
1962	71	*3-18* エヴィアン協定，アルジェリア独立
1963	72	*1-22* エリゼ条約（独仏条約）
1964	74	*1-27* 中華人民共和国承認
1965	75	*12-19* 大統領選挙でド・ゴール再選
1968	77	*5-*「五月革命」
1969	78	*4-28* ド・ゴール退陣
1970	79	*11-9* ド・ゴール死去

参考文献

シャルル・ドゴール(朝日新聞外報部訳)『希望の回想』朝日新聞社，1971年
シャルル・ド・ゴール(小野繁訳)『剣の刃』葦書房，1984年
シャルル・ド・ゴール(小野繁訳)『職業軍の建設を！』不知火書房，1997年
ド・ゴール(村上光彦・山崎庸一郎訳)『ド・ゴール大戦回顧録』全6巻，みすず書房，1999年
アンリ・アレッグ(長谷川四郎訳)『尋問』みすず書房，1958年
ジャン・シャルロ(野地孝一訳)『保守支配の構造』みすず書房，1976年
アラン・デュアメル(村田晃治訳)『ド・ゴールとミッテラン』世界思想社，1999年
スタンレイ・ホフマン(天野恒雄訳)『政治の芸術家ド・ゴール』白水社，1977年
アリステア・ホーン(北村美都穂訳)『サハラの砂，オーレスの石』第三書館，1994年
ガストン・ボヌール(宗左近訳)『ド・ゴール』角川書店，1967年
アンドレ・マルロー(新庄嘉章訳)『倒された樫の木』新潮社，1971年
ジャン・モーリアック(萩野弘巳訳)『ドゴールの最期』サイマル出版会，1973年
ジャン・モネ(近藤健彦訳)『ジャン・モネ回想録』日本関税協会，2008年
ピーター・モリス(土倉莞爾・増島建・今林直樹訳)『現代のフランス政治』晃洋書房，1998年
フランソワ・モーリヤック(岡部正孝訳)『ドゴール』河出書房新社，1966年
ジャン・ラクーチュール(持田坦訳)『ドゴール』河出書房新社，1972年
ポール＝マリ・ド・ラ・ゴルス(淡徳三郎訳)『ド・ゴール』徳間書店，1965年
エリック・ルーセル(山口俊章・山口俊洋訳)『ドゴール』祥伝社，2010年
アレクザンダー・ワース(内山敏訳)『ドゴール』紀伊國屋書店，1967年
遠藤乾編『ヨーロッパ統合史』名古屋大学出版会，2008年
大森実『ド・ゴール(人物現代史7)』講談社，1978年
川嶋周一『独仏関係と戦後ヨーロッパ国際秩序』創文社，2007年
西川長夫『パリ五月革命 私論』平凡社，2011年
村松剛『ド・ゴール』講談社，1967年
山口昌子『ドゴールのいるフランス』河出書房新社，2010年
山本健太郎『ドゴールの核政策と同盟戦略』関西学院大学出版会，2012年
渡辺和行『ナチ占領下のフランス』講談社，1994年
渡邊啓貴『フランス現代史』中央公論社，1998年

Charles de Gaulle, *Discours et messages*, 5 tomes, Paris, 1970.
Charles de Gaulle, *Lettres, notes et carnets*, 3 tomes, Paris, 2010.
Charles de Gaulle, *Mémoires de guerre*, 3 tomes, Paris, 2010.
Le Monde, 11 novembre 1970.
Claire Andrieu, Philippe Braud, Guillaume Piketty dir., *Dictionnaire De Gaulle*, Paris, 2006.
François Broche, Jean-François Muracciole dir., *Dictionnaire de la France libre*, Paris, 2010.
Jean Lacouture, *De Gaulle*, 3 tomes, Paris, 2010.
Max Gallo, *De Gaulle*, 4 tomes, Paris, 1998.
Paul-Marie de La Gorce, *Charles de Gaulle*, 2 tomes, Paris, 2008.
Eric Roussel, *De Gaulle*, 2 tomes, Paris, 2002.

図版出典一覧

Max Gallo, *De Gaulle, les images d'un destin,* Paris, 2007. 扉, *5, 13, 20, 24, 29, 44, 53*下, *69, 84, 89*上

著者提供 *1, 7*右, 左, *19, 53*上, *57, 59, 68, 85*右, 左, *86, 88, 89*下

ユニフォトプレス提供 カバー表, 裏

渡辺和行(わたなべ かずゆき)
1952年生まれ
京都大学大学院法学研究科博士後期課程単位取得退学，博士(法学)
専攻，近現代フランス史
現在，京都橘大学文学部教授
主要著書
『ナチ占領下のフランス』(講談社 1994)
『ホロコーストのフランス』(人文書院 1998)
『フランス人とスペイン内戦』(ミネルヴァ書房 2003)
『エトランジェのフランス史』(山川出版社 2007)
『近代フランスの歴史学と歴史家』(ミネルヴァ書房 2009)
『フランス人民戦線』(人文書院 2013)
『ドゴールと自由フランス』(昭和堂 2017)

世界史リブレット人96
ド・ゴール
偉大《いだい》さへの意志《いし》

2013年6月20日　1版1刷発行
2021年4月30日　1版3刷発行
著者：渡辺和行《わたなべかずゆき》
発行者：野澤武史
装幀者：菊地信義
発行所：株式会社 山川出版社
〒101-0047　東京都千代田区内神田1-13-13
電話　03-3293-8131(営業)　8134(編集)
https://www.yamakawa.co.jp/
振替　00120-9-43993
印刷所：株式会社 プロスト
製本所：株式会社 ブロケード
 ISBN978-4-634-35096-0

世界史リブレット 人

1 ハンムラビ王——中田一郎
2 ラメセス2世——高宮いづみ・河合 望
3 ネブカドネザル2世——山田重郎
4 ペリクレス——前沢伸行
5 アレクサンドロス大王——澤田典子
6 古代ギリシアの思想家たち——髙畠純夫
7 カエサル——毛利 晶
8 ユリアヌス——南川高志
9 ユスティニアヌス大帝——大月康弘
10 孔子——高木智見
11 商鞅——太田幸男
12 武帝——冨田健之
13 光武帝——小嶋茂稔
14 冒頓単于——沢田 勲
15 曹操——石井 仁
16 孝文帝——佐川英治
17 柳宗元——戸崎哲彦
18 安禄山——森部 豊
19 アリー——森本一夫
20 マンスール——高野太輔
21 アブド・アッラフマーン1世——佐藤健太郎
22 ニザーム・アルムルク——井谷鋼造
23 ラシード・アッディーン——渡部良子
24 サラディン——松田俊道
25 ガザーリー——青柳かおる
26 イブン・ハルドゥーン——吉村武典
27 レオ・アフリカヌス——堀井 優
28 イブン・ジュバイルとイブン・バットゥータ——家島彦一
29 カール大帝——佐藤彰一
30 ノルマンディー公ウィリアム——有光秀行
31 ウルバヌス2世と十字軍——池谷文夫
32 ジャンヌ・ダルクと百年戦争——加藤 玄
33 王安石——小林義廣
34 クビライ・カン——堤 一昭
35 マルコ・ポーロ——海老澤哲雄
36 ティムール——久保一之
37 李成桂——桑野栄治
38 永楽帝——荷見守義
39 アルタン——井上 治
40 ホンタイジ——楠木賢道
41 李自成——佐藤文俊
42 鄭成功——奈良修一
43 康熙帝——岸本美緒
44 スレイマン1世——林佳世子
45 アッバース1世——前田弘毅
46 バーブル——間野英二
47 大航海の人々——合田昌史
48 コルテスとピサロ——安村直己
49 マキァヴェッリ——北田葉子
50 ルター——森田安一
51 エリザベス女王——青木道彦
52 フェリペ2世——立石博高
53 クロムウェル——小泉 徹
54 ルイ14世とリシュリュー——林田伸一
55 フリードリヒ大王——屋敷二郎
56 マリア・テレジアとヨーゼフ2世——稲野 強
57 ピョートル大帝——土肥恒之
58 コシューシコ——小山 哲
59 ワットとスティーヴンソン——大野 誠
60 ワシントン——中野勝朗
61 ロベスピエール——松浦義弘
62 ナポレオン——上垣 豊
63 ヴィクトリア女王、ディズレーリ、グラッドストン——勝田俊輔
64 ガリバルディ——北村暁夫
65 ビスマルク——大内宏一
66 リンカン——岡山 裕
67 ムハンマド・アリー——加藤 博
68 ラッフルズ——坪井祐司
69 チュラロンコン——小泉順子
70 魏源と林則徐——大谷敏夫
71 曽国藩——清水 稔
72 金玉均——原田 環
73 レーニン——和田春樹
74 ウィルソン——長沼秀世
75 ビリャとサパタ——国本伊代
76 西太后——深澤秀男
77 梁啓超——高柳信夫
78 袁世凱——田中比呂志
79 宋慶齢——石川照子
80 近代中央アジアの群像——小松久男
81 ファン・ボイ・チャウ——今井昭夫
82 ホセ・リサール——池端雪浦
83 アフガーニー——小杉 泰
84 ムハンマド・アブドゥフ——松本 弘
85 イブン・アブドゥル・ワッハーブとイブン・サウード——保坂修司
86 ケマル・アタテュルク——設樂國廣
87 ローザ・ルクセンブルク——姫岡とし子
88 ムッソリーニ——高橋 進
89 スターリン——中嶋 毅
90 陳独秀——長堀祐造
91 ガンディー——井坂理穂
92 スカルノ——鈴木恒之
93 フランクリン・ローズヴェルト——久保文明
94 汪兆銘——劉 傑
95 ヒトラー——木村靖二
96 ド・ゴール——渡辺和行
97 チャーチル——木畑洋一
98 ナセル——池田美佐子
99 ンクルマ——砂野幸稔
100 ホメイニー——富田健次

〈シロヌキ数字は既刊〉